LA POESIA POSTUMA DE PABLO NERUDA

Osvaldo Rodríguez

Copyright © 1995 by Osvaldo Rodríguez

Foto de la portada: Casa-Museo de Pablo Neruda, en Isla Negra
    por *Angeles Mateo del Pino*

Published by   Ediciones Hispamérica
                5 Pueblo Court
                Gaithersburg, MD 20878-2067
                U.S.A.

Library of Congress Catalog Number: 95-82060

I.S.B.N.: 0-935318-22-4

In memoriam, Cesáreo Rosas Rodríguez

"...Ay hermano mayor, voy caminando
sin tu áspera ternura,
sin la lección de tu sabiduría".

(P. Neruda, *Elegía* III)

Liminar

Fuera de los estudios individuales y colectivos de marcado carácter especializado y, por ello, de circulación restringida, es poco lo que se conoce de la obra póstuma de Pablo Neruda. Aparte de algunas antologías generales sobre la poesía del escritor chileno que incluyen parte de esta producción lírica,[1] resulta prácticamente imposible para el lector común encontrar una edición completa de estas obras.[2] Lo mismo sucede si se trata de buscar una muestra orientadora fundada en el comentario crítico de los textos en cuestión.

Ante la imposibilidad material y legal —por cierto— de hacer una edición comentada de los ocho libros póstumos que dejó Neruda, he creído conveniente publicar para su difusión —al menos en el ámbito hispánico— una selección antológica de estas obras que circulan de forma individual. La edición se complementa con un comentario introductorio a cada serie textual, cuyo objetivo es seguir la evolución interna de la poesía nerudiana en esta fase final de su producción literaria.

La primera motivación para una tarea como ésta surgió de una necesidad inmediata: dar respuesta al interés que ha suscitado esta poesía parcialmente conocida, en el mejor de los casos, por los lectores no especializados. La pauta me la dieron las conferencias impartidas sobre el tema y los escritos que sobre este particular he publicado en diversos medios de difusión: periódicos y revistas.

Hay otra motivación, también importante: el conocimiento completo, no parcializado, de un poeta cuya obra no admite estereotipos de ninguna clase. Cubrir, en parte, esa zona terminal de la producción poética de Neruda es, pues, una de las finalidades de este libro. Más de alguna vez

---

[1] Entre otras, cabe destacar: *Antología fundamental* (Prólogo de Jaime Quesada y selección de Jorge Barros), Santiago de Chile, Fundación Pablo Neruda y Pehuén Editores, 1988; *Antología poética*, 2 vols., Madrid, Alianza Editorial, 1982 y *Poesías escogidas*, 2 vols., Madrid, Editorial Aguilar (Biblioteca Premios Nobel), 1980.

[2] No tengo noticias de alguna publicada en España. En Italia se publica una excelente edición bilingüe, con el título *Neruda. Opera postume* (al cuidado de Giuseppe Bellini), Milano, Edizioni Accademia, 2 vols., 1974 y 1976, respectivamente.

el mismo poeta se quejó del conocimiento parcial que se tenía de su obra: "Nadie me lee, solía decir Pablo en esos años finales...". A este testimonio, Jorge Edwards añade el siguiente comentario: "Los amigos, y la sociedad literaria, sobre todo la del idioma, tenían ya una idea fija, adquirida y congelada, del poeta chileno y de su obra. Neruda era el autor de *Crepusculario*, de *Veinte poemas*, de *Residencias* y de *Canto General*".[3]

Además de sus memorias, publicadas con el nombre de *Confieso que he vivido* (1974),[4] el escritor preparaba la edición de los ocho libros que constituirían su legado poético, cuando lo sorprendió la muerte el 23 de septiembre de 1973. La razón de tan ingente obra la explica Matilde Urrutia: "A comienzos de 1973, el gobierno presidido por Salvador Allende comunicó a Pablo que el 12 de julio de 1974, cuando cumpliera 70 años, se haría una celebración nacional con escritores de todo el mundo y, por supuesto, con la participación de todo el pueblo (...). Para compensar en una mínima parte todas las muestras de cariño que le brindaban, Pablo comenzó a preparar su sorpresa, el regalo que él haría a todos los que amaba".[5]

El orden de composición y, consiguientemente, de la publicación de los libros póstumos de Neruda, también ha sido fuente de controversia para la crítica. A este respecto hay que aclarar, primero, que seis de los ocho poemarios estaban preparados para su edición definitiva antes de la muerte del escritor.[6] Los otros dos (*El mar y las campanas* y *Defectos escogidos*) quedaron inconclusos. Editorial Losada (Buenos Aires) publica la totalidad de la obra póstuma nerudiana, en las siguientes fechas: *La rosa separada* (28.11.73), *El mar y las campanas* (28.11.73), *2000* (8.01.74), *Jardín de invierno* (8.01.74), *El corazón amarillo* (29.01.74), *Libro de las preguntas* (29.01.74), *Elegía* (20.02.74) y *Defectos escogidos* (28.07.74).[7]

---

[3] Jorge Edwards, *Adiós, poeta...*, Barcelona, Tusquets Editores, 1990, p. 281.

[4] Pablo Neruda, *Confieso que he vivido. Memorias*, Buenos Aires, Editorial Losada, 1974.

[5] Matilde Urrutia, *Mi vida junto a Pablo Neruda. Memorias*, Barcelona, Editorial Seix Barral, 1986, p. 249.

[6] Matilde Urrutia, *op. cit.*, p. 249.

[7] Horacio Jorge Becco, *Pablo Neruda. Bibliografía*, Buenos Aires, Casa Pardo Editores, 1975, pp. 88-90.

Como se puede ver, uno de los libros inconclusos está entre los dos primeros de la serie textual publicada por Losada; lo que sucede, es que en él se incluye el último poema escrito por Neruda: el que lleva por título "Final", dedicado a Matilde Urrutia. El poeta, además, acostumbraba a adelantar sus publicaciones, o parte de ellas, en ediciones restringidas: *La rosa separada*, por ejemplo, aparece publicada en Francia por Editions du Fragon, en 1972. Ocasionalmente, también, Neruda enviaba algunos de sus poemas a medios de difusión escritos, como periódicos o revistas, antes de su aparición en libros. Es el caso, por ejemplo, del diario "El Nacional" de Caracas, que publica una serie de poemas remitidos por el escritor, desde Isla Negra, en agosto de 1973. Entre otras, allí aparecen editadas varias composiciones pertenecientes a su libro póstumo *Defectos escogidos* y alguna de *El corazón amarillo*. El curso editorial que siguen estos poemas era, por supuesto, impredecible, con la consiguiente secuela de errores de transcripción. En Canarias, sólo unos meses después, aparecen publicados esos mismos poemas en el libro homenaje titulado *Neruda: entierro y testamento* (1973).[8]

En cuanto a la disposición cronológica de la obra póstuma de Neruda y de acuerdo con los antecedentes expuestos, me atengo a las razones de Giuseppe Bellini[9] para seguir en este libro el siguiente orden de la serie textual que comentamos: *La rosa separada, Jardín de invierno, 2000, El corazón amarillo, Libro de las preguntas, Elegía, El mar y las campanas, Defectos escogidos*.[10]

El poeta chileno Jaime Quesada, autor del prólogo de la antes citada *Antología fundamental* de Pablo Neruda, evocando unas declaraciones del escritor, comenta lo siguiente: "Pablo Neruda consideraba que su libro más grande, más extenso, ha sido este libro que llamamos **Chile**. Nunca he dejado de leer la patria, nunca he separado los ojos del largo

---

[8] *Neruda: entierro y testamento* (Texto de Alvaro Sarmiento y fotos de Fina Torres), Las Palmas de Gran Canaria, Inventarios Provisionales Editores, 1973, pp. 125-49.

[9] "*La rosa separada* constituisce il primo degli otto libri poetici allusi; seguono: *Jardín de invierno, 2000, El corazón amarillo*, il *Libro de las preguntas, Elegía, El mar y las campanas, Defectos escogidos*. E questo l'ordine che Neruda aveva assegnato ai volumi; egli intendeva con ogni probabilità darli alle stampe separati, ma contemporaneamente, come già aveva fatto nel 1964, in occasione dei suoi sessant'anni, con i cinque libri del *Memorial de Isla Negra* (ver Giuseppe Bellini, *op. cit.*, p. IX).

[10] La fuente textual de los poemas transliterados en este libro corresponde a las primeras ediciones de Losada, anteriormente citadas.

territorio".[11] Allí debía regresar el poeta, su último y definitivo regreso desde el verano europeo para encontrarse con el invierno de Chile, y preparar —con toda la urgencia que le demandaba su minada salud—, el legado de estos ocho libros con los que completaría la siembra poética del país más austral del mundo. Como Violeta Parra, convencida de que Chile era "el mejor libro de folklore que se haya escrito",[12] la poesía de Neruda —con toda su universalidad— tiene en ese largo y delgado territorio su primera y última residencia.

---

[11] Jaime Quesada, *op. cit.*, p. 25.

[12] Isabel Parra, *El "Libro Mayor" de Violeta Parra*, Madrid, Ediciones Michay, 1985, p. 10.

LA ROSA SEPARADA

(1973)

La rosa separada, nombre de inequívocas reminiscencias míticas con que Neruda designa a la Isla de Pascua o Rapa Nui es, en este primer libro póstumo, el indicio de una poética cuyo esencial discurrir lírico sigue el cauce de una interrogante fundamental: ¿cuál es el sentido de la existencia perecedera del hombre? La especial estructura del libro, precedido por un poema-prólogo y constituido por veintitrés composiciones que se organizan en torno a dos núcleos temáticos opuestos —Hombres/Isla—, nos pone en la pista de la nueva perspectiva con la que el poeta asume esta inquietud primordial que ya se cernía sobre su universo lírico en obras anteriores, pero que ahora —en su poesía póstuma— se plantea desde el propio límite de la existencia humana.

Es sintomático que Neruda incluya como prólogo de su libro, bajo el enunciado de "Introducción a mi tema", un poema que aparece en su obra *Geografía infructuosa* (1972) con el título "Hacia tan lejos". A pesar de que tal práctica no es habitual en el poeta, podría explicarse este hecho por la coincidencia temática y por tratarse de un motivo lírico similar: la experiencia poética del viaje iniciático. Contrastadas ambas composiciones, las variantes textuales ponen de relieve la esencialidad que tal motivo adquiere en *La rosa separada*, aunque todo el poemario puede considerarse como la "amplificatio" de la intuición lírica que germina en *Geografía infructuosa*. Sólo que en este último libro el viaje adquiere la forma de una indagación —acaso desesperanzada por lo "infructuoso"—, mientras que en *La rosa separada*, tal búsqueda se orienta indefectiblemente hacia el "reencuento" del yo consigo mismo, tras la experiencia del viaje a la soledad primordial.

Es significativa también la presencia de la Isla de Pascua en otro libro de Neruda, bastante anterior a *La rosa separada* y a *Geografía infructuosa*, como es el *Canto general* (1950). A simple vista esto demostraría la recurrencia de ciertos temas y motivos líricos en la obra del escritor chileno, pero también prueba el diferente registro discursivo con el que tales temas y motivos son recreados en las distintas etapas de su producción poética. Aunque la serie de poemas sobre Isla de Pascua forma parte de la penúltima sección del *Canto general*, titulada "El Gran Océano", dichas composiciones —que son, en realidad, el eco del canto epopéyico—, participan del mismo registro colectivo que integra al "yo" en el "nosotros". Desde esta perspectiva, el hablante lírico puede erigirse en el "constructor de estatuas", puede borrar incluso su propia identidad ("...no tengo nombre./ No tengo rostro") confundiéndose con las pétreas figuras de la Isla para constatar, desde el silencio, la soledad de la patria.

Es evidente que este motivo del silencio, con todas sus connotaciones funestas frente a la patria herida, se reactualiza en *Incitación al nixonicidio y alabanza de la revolución chilena* (1973). Pero en esta obra, que antecede a su poesía póstuma, ya el poeta cuenta con su "camarada" Quevedo para compartir una soledad que progresivamente va adquiriendo un sello personal en su poesía. Es este sentimiento de soledad y este silencio primordial el que se pone de relieve en *La rosa separada*. Frente a la proximidad de su propia muerte y con la experiencia del infructuoso viaje al interior de sí mismo (*Geografía infructuosa*), el poeta emprende el silencioso camino hacia el misterio impenetrable de Rapa Nui y sus estatuas. Más que una respuesta —que sabe imposible— acerca de la incógnita del destino humano, la interrogante que se cierne sobre el universo lírico de la poesía póstuma de Neruda tiene que ver con el sentido de la existencia; no sólo individual, sino también en su dimensión colectiva, como humanidad marcada por el signo de su propia destrucción.

Este es el sentido del viaje hacia la esencialidad intemporal y absoluta, metafóricamente representada en la ficción poética por "la rosa separada". Sólo unos pocos elegidos, los que están en el límite de su existencia, y sólo por un instante privilegiado, pueden penetrar en ella. Los demás, aludidos genéricamente en el libro como "Los Hombres", se quedan en la superficie de la realidad, miran sin ver lo esencial, como turistas que son, prendados de la novedad. El poeta no niega su pertenencia a "Los Hombres", pero la experiencia interiorizada del viaje perfila su mirada para introducirse en el misterio de "La Isla". Desde esta perspectiva, la visión de Rapa Nui y su naturaleza volcánica es la de un mundo de luto y de ruinas. La propia voluntad de perduración hace que el yo intente en vano fundirse con las estatuas que materializan su deseo de eternidad. Pero ahora no hay respuesta ni fusión posible entre la perecedera naturaleza humana y la pétrea naturaleza del misterio. Las estatuas conservan su secreto, ellas mismas son un misterio al erigirse como símbolos materiales de la interrogante trascendental que se proyecta al infinito en sus miradas.

En este libro, la experiencia nerudiana del viaje tiene, sin embargo, un significado positivo. Aunque no desvela misterio alguno, el poeta se ha reencontrado en el silencio y la soledad luminosa de "La Isla". Vuelve así "envuelto en luz" al territorio que le pertenece: el de "Los Hombres". Desde allí, desde su agónica materialidad humana, el poeta asume la experiencia de la búsqueda a través del viaje indagatorio y puede ensayar múltiples respuestas que, en definitiva, se resuelven en otras tantas interrogantes acerca de la incógnita del destino del hombre y del mundo. En este sentido *La rosa separada*, junto con representar la clausura definitiva de un mundo poético volcado hacia el exterior, inaugura un universo lírico profundamente interiorizado que no excluye la realidad, sino que la asume —con humor o dramatismo— en su dimensión más esencial e inquietante: su naturaleza perecedera.

I
LOS HOMBRES

Yo soy el peregrino
de Isla de Pascua, el caballero
extraño, vengo a golpear las puertas del silencio:
uno más de los que trae el aire
saltándose en un vuelo todo el mar:
aquí estoy, como los otros pesados peregrinos
que en inglés amamantan y levantan las ruinas:
egregios comensales del turismo, iguales a Simbad
y a Cristóbal, sin más descubrimiento
que la cuenta del bar.
                      Me confieso: matamos
los veleros de cinco palos y carne agusanada,
matamos los libros pálidos de marinos menguantes,
nos trasladamos en gansos inmensos de aluminio,
correctamente sentados, bebiendo copas ácidas,
descendiendo en hileras de estómagos amables.

III
LA ISLA

Antigua Rapa Nui, patria sin voz,
perdónanos a nosotros los parlanchines del mundo:
hemos venido de todas partes a escupir en tu lava,
llegamos llenos de conflictos, de divergencias,
    de sangre,
de llanto y digestiones, de guerras y duraznos,
en pequeñas hileras de inamistad, de sonrisas
hipócritas, reunidos por los dados del cielo
sobre la mesa de tu silencio.

Una vez más llegamos a mancillarte.

Saludo primero al cráter, a Ranu Raraku, a sus
    párpados
de légamo, a sus viejos labios verdes:
es ancho, y altos muros lo circulan, lo encierran,
pero el agua allá abajo, mezquina, sucia, negra,
vive, se comunica con la muerte
como una iguana inmóvil, soñolienta, escondida.

Yo, aprendiz de volcanes, conocí,
infante aún, las lenguas de Aconcagua,
el vómito encendido del volcán Tronador,
en la noche espantosa vi caer
la luz del Villarrica fulminando las vacas,
torrencial, abrasando plantas y campamentos,
crepitar derribando peñascos en la hoguera.

Pero si aquí me hubiera dejado mi infancia,
en este volcán muerto hace mil años,

en este Ranu Raraku, ombligo de la muerte,
habría aullado de terror y habría obedecido:
habría deslizado mi vida en silencio,
hubiera caído al miedo verde, a la boca del
    cráter desdentado,
transformándome en légamo, en lenguas de la
    iguana.

Silencio depositado en la cuenca, terror
de la boca lunaria, hay un minuto, una hora
pesada como si el tiempo detenido
se fuera a convertir en piedra inmensa:
es un momento, pronto
también disuelve el tiempo su nueva estatua
    imposible
y queda el día inmóvil, como un encarcelado
dentro del cráter, dentro de la cárcel del cráter,
adentro de los ojos de la iguana del cráter.

IV
LOS HOMBRES

Somos torpes los transeúntes, nos atropellamos
    de codos,
de pies, de pantalones, de maletas,
bajamos del tren, del jet, de la nave, bajamos
con arrugados trajes y sombreros funestos.
Somos culpables, somos pecadores,
llegamos de hoteles estancados o de la paz
    industrial,
ésta es tal vez la última camisa limpia,
perdimos la corbata,
pero aun así, desquiciados, solemnes,
hijos de puta considerados en los mejores
    ambientes,
o simples taciturnos que no debemos nada a
    nadie,
somos los mismos y lo mismo frente al tiempo,
frente a la soledad: los pobres hombres
que se ganaron la vida y la muerte trabajando
de manera normal o burotrágica,
sentados o hacinados en las estaciones del metro,
en los barcos, en las minas, los centros de estudio,
    las cárceles,
las universidades, las fábricas de cerveza,
(debajo de la ropa la misma piel sedienta),
(el pelo, el mismo pelo, repartido en colores).

VII
LA ISLA

Cuando prolificaron los colosos
y erguidos caminaron
hasta poblar la isla de narices de piedra
y, activos, destinaron descendencia: hijos
del viento y de la lava, nietos
del aire y la ceniza, recorrieron
con grandes pies la isla:
nunca trabajó tanto
la brisa con sus manos,
el ciclón con su crimen,
la persistencia de la Oceanía.

Grandes cabezas puras,
altas de cuello, graves de mirada,
gigantescas mandíbulas erguidas
en el orgullo de su soledad,
presencias,
presencias arrogantes,
preocupadas.

Oh graves dignidades solitarias
quién se atrevió, se atreve
a preguntar, a interrogar
a las estatuas interrogadoras?

Son la interrogación diseminada
que sobrepasa la angostura exacta,
la pequeña cintura de la isla
y se dirige al grande mar, al fondo
del hombre y de su ausencia.

Algunos cuerpos no alcanzaron a erguirse:
sus brazos se quedaron sin forma aún, sellados
en el cráter, durmientes,
acostados aún en la rosa calcárea,
sin levantar los ojos hacia el mar
y las grandes criaturas de sueño horizontal
son las larvas de piedra del misterio:
aquí las dejó el viento cuando huyó de la tierra:
cuando dejó de procrear hijos de lava.

IX
LOS HOMBRES

A nosotros nos enseñaron a respetar la iglesia,
a no toser, a no escupir en el atrio,
a no lavar la ropa en el altar
y no es así: la vida rompe las religiones
y es esta isla en que habitó el Dios Viento
la única iglesia viva y verdadera:
van y vienen las vidas, muriendo y fornicando:
aquí en la Isla de Pascua donde todo es altar,
donde todo es taller de lo desconocido,
la mujer amamanta su nueva criatura
sobre las mismas gradas que pisaron sus dioses.

Aquí, a vivir! Pero también nosotros?
Nosotros, los transeúntes, los equivocados de
    estrella,
naufragaríamos en la isla como en una laguna,
en un lago en que todas las distancias concluyen,
en la aventura inmóvil más difícil del hombre.

XII
LA ISLA

Austeros perfiles de cráter labrado, narices
en el triángulo, rostros de dura miel,
silenciosas campanas cuyo sonido
se fue hacia el mar para no regresar,
    mandíbulas, miradas
de sol inmóvil, reino
de la gran soledad, vestigios
verticales:
yo soy el nuevo, el oscuro,
soy de nuevo el radiante:

he venido tal vez a relucir,
quiero el espacio ígneo
sin pasado, el destello,
la oceanía, la piedra y el viento
para tocar y ver, para construir de nuevo,
para solicitar de rodillas la castidad del sol,
para cavar con mis pobres manos sangrientas
    el destino.

XVI
LOS HOMBRES

El fatigado, el huérfano
de las multitudes, el yo,
el triturado, el del cemento,
el apátrida de los restaurantes repletos,
el que quería irse más lejos, siempre,
no sabía qué hacer en la isla, quería
y no quería quedarse o volver,
el vacilante, el híbrido, el enredado en sí mismo
aquí no tuvo sitio: la rectitud de piedra,
la mirada infinita del prisma de granito,
la soledad redonda lo expulsaron:
se fue con sus tristezas a otra parte,
regresó a sus natales agonías,
a las indecisiones del frío y del verano.

XVIII
LOS HOMBRES

Como algo que sale del agua, algo desnudo,
    invicto,
párpado de platino, crepitación de sal,
alga, pez tembloroso, espada viva,
yo, fuera de los otros, me separo
de la isla separada, me voy
envuelto en luz
y si bien pertenezco a los rebaños,
a los que entran y salen en manadas,
al turismo igualitario, a la prole,
confieso mi tenaz adherencia al terreno
solicitado por la aurora de Oceanía.

JARDIN DE INVIERNO

(1974)

Si la reflexión poética nerudiana tiene como referente el espacio concreto de la Isla de Pascua, metafóricamente representanda por *La rosa separada* ahora, en *Jardín de invierno*, ese espacio material, concreto, real, en el que se apoya el discurrir reflexivo del poeta chileno pierde sus contornos, se desrrealiza —por decirlo así—, para transformarse en una metáfora compleja, que sigue conservando su connotación espacial, de ámbito cerrado, pero ahora sin apoyatura material alguna. El espacio de reminiscencias originarias, míticas, de *La rosa separada*, ajeno a la condición temporal del hombre, como las pétreas estatuas del silencio, no es el mismo ámbito del *Jardín de invierno*, donde el "yo" cultiva, conscientemente para sí, la memoria de su propio tiempo vivido. La naturaleza aquí —recurrente en toda su obra póstuma— es un pretexto de la imaginación creadora para reactualizar metafóricamente el "racimo traicionado" que es la vida, en la fugacidad de su devenir temporal.

Este libro, uno de los más profundamente líricos de Neruda, pone de manifiesto —sobre todo— el dolorido sentir del poeta frente al tiempo irrecuperable, definitivamente perdido, que se revela ante la conciencia del sujeto invernal en su más "impiadoso transcurrir", como dice Bellini en un estudio fundamental sobre esta obra.[1] Tal es la perspectiva desde la cual el poeta interpreta el mundo, su existencia, la de su infancia y la de su propia situación en el límite de la vida.

No se crea con esto, de todos modos, que el lirismo nerudiano sea de índole contemplativa en esta obra. Al contrario, tal disposición lírica se inscribe en el marco de una búsqueda que supone el enfrentamiento con

---

[1] Giuseppe Bellini, "La poesía póstuma de Pablo Neruda: entre la angustia y la esperanza", en *Coloquio Internacional sobre Pablo Neruda (La obra posterior al **Canto general**)*, Publications du Centre de Recherches Latino-Américaines de l'Université de Poitiers (marzo de 1979), pp. 21-46.

el misterio insondable de la vida. Esta "tentativa de regreso al interior del ser" emprendida por el poeta, en palabras de Naïade Anido,[2] tiene, por lo tanto, un sentido indagatorio que, como tal, trasciende además la inmanencia del yo para proyectarse como interrogante acerca del destino humano.

La tentativa culmina con la consciente certeza del esfuerzo inútil por desvelar aquella incógnita trascendental, simbólicamente representada antes por las estatuas de *La rosa separada*. Frente a aquel misterio insondable sólo cabe el silencio, el repliegue a la soledad, auténtico apólogo de esta obra póstuma. Como en el libro antes citado también aquí, en *Jardín de invierno*, la experiencia poética de la búsqueda de sí mismo, de su propio límite es —en el marco siempre totalizador de la poética nerudiana— una experiencia, llevada al límite de todo lo creado.

El viaje, como en *La rosa separada*, es circular, concéntrico, un "viaje sin retorno", cuya estación final también, como en el caso anterior, es el reencuentro con la soledad y "con el silencio", como lo explicita Jaime Alazraki[3] a propósito de "El egoísta", uno de los poemas emblemáticos de este libro en cuanto a esta disposición lírica se refiere.

Con toda seguridad este poemario estaba en proceso de elaboración a finales de otoño de 1972 cuando Neruda —luego de dimitir del cargo de Embajador de su país en París— preparaba su definitivo regreso a Chile en "La Manquel", la casa que se había comprado en la Normandía francesa. Así lo demuestra Alain Sicard,[4] a propósito de "Llama el océano", otro de los poemas claves de esta obra. Neruda, marcado por la enfermedad que, en definitiva, lo llevaría a la muerte y también por la zozobra que en su ánimo provocaban los acontecimientos de Chile que culminarían con el Golpe de Estado, había decidido volver a su patria porque, como él lo declara en el último de sus libros publicados en vida —*Incitación al nixonicidio y alabanza de la revolución chilena* (1973)—, considera que allí estaba su "deber" de hombre y poeta. Confiado en el poder de la poesía, el escritor hace la siguiente declaración de fe en aquel

---

[2] Naïade Anido, "Jardín de invierno: viaje recopilatorio de un inútil regreso", en *op. cit.*, p. 9.

[3] Jaime Alazraki, "Para una poética de la poesía póstuma", en *Pablo Neruda. El escritor y la crítica* (edic. de Emir Rodríguez Monegal y Enrico Mario Santí), Madrid, Taurus Ediciones, 1980, pp. 290-91.

[4] Alain Sicard, *El pensamiento poético de Pablo Neruda*, Madrid, Gredos, 1981, pp. 416-17.

libro, al parecer tan diferente a la poesía póstuma que comentamos: "Ha probado la Historia —dice Neruda en el prólogo— la capacidad demoledora de la Poesía, y a ella me acojo sin más ni más".[5]

Por lo dicho anteriormente, aunque parezca paradójico, puede afirmarse que la concepción y, acaso, la configuración básica de *Jardín de invierno* es anterior al libro antes mencionado, publicado por el poeta bajo circunstancias históricas límites. Lo anterior significa que en el proceso de producción literaria de Neruda la vertiente lírica, dominante en su poesía póstuma, no es sustituida, en modo alguno, por una opción épica, sino como un paréntesis derivado de una situación muy puntual. Los dos poemas, de innegable registro lírico, en los que el escritor evoca a Quevedo, son indicios más que relevantes de que en la estructura profunda de ese libro combativo y, si se quiere, circunstancial, subyace el melancólico registro lírico que cubre todo el espectro de la poesía póstuma nerudiana. En *Incitación al nixonicidio...* los funestos indicios premonitorios que el poeta percibe en compañía de Quevedo están referidos a la patria amada. Los que percibe en *Jardín de invierno*, se refieren a sí mismo, a su propia existencia marcada por la muerte.

Acompañado también por Quevedo, el poeta constata la indiferencia de las sucesivas primaveras en su estación invernal (ver "Con Quevedo en primavera"). Con un atisbo de resignación frente a lo inevitable, Neruda reconoce que "el hombre se acomoda a su destino" en este viaje que adquiere la forma de huida en el poema "Animal de luz". Por otra parte, la composición que encabeza *Jardín de invierno*, titulada "El cobarde", ahorra —por su autorreferencialidad— todo comentario acerca de la disposición lírica de este poemario.

El universo nerudiano, presidido por este registro discursivo, se puebla así de múltiples signos subterráneos y marinos que, en la ficción literaria, encauzan los múltiples "regresos" del poeta al interior de sí mismo (ver poema homónimo). El sujeto lírico penetra en el "túnel" de su propia existencia para constatarse "encerrado", "enterrado" (ver "Llama el océano"); se introduce en el "pozo" del "yo" para extraer de él la nada; se sumerge en el mar, como si buceara inútilmente en procura de una respuesta a la interrogante trascendental que encauza su búsqueda. El simbolismo marino culmina de este modo en la imagen del

---

[5] Pablo Neruda, *Incitación al nixonicidio y alabanza de la revolución chilena*, Santiago de Chile, Editorial Nacional Quimantú, 1973. Cito por eds. Grijalbo (7ª ed.), Barcelona, 1981, p. 7.

océano como inmensidad indescifrable, en la que se hunde definitivamente "la campana rota del poeta". El mar es, en última instancia, la única "estrella" en la que se decanta la multiplicidad de lo real y de la existencia humana. Desde esta perspectiva también, la mortecina luz de la "estrella" —fulgor en la oscuridad— que se hunde en el agua marina, se revela como un símbolo de valor metonímico que, en definitiva, guía la búsqueda ciega de los que somos "fragmento del asombro", única certeza a la que llega el poeta chileno después de tan largo viaje indagatorio (ver "La estrella").

EL EGOISTA

No falta nadie en el jardín. No hay nadie:
sólo el invierno verde y negro, el día
desvelado como una aparición,
fantasma blanco, fría vestidura,
por las escalas de un castillo. Es hora
de que no llegue nadie, apenas caen
las gotas que cuajaban el rocío
en las ramas desnudas del invierno
y yo y tú en esta zona solitaria,
invencibles y solos, esperando
que nadie llegue, no, que nadie venga
con sonrisa o medalla o presupuesto
a proponernos nada.

Ésta es la hora
de las hojas caídas, trituradas
sobre la tierra, cuando
de ser y de no ser vuelven al fondo
despojándose de oro y de verdura
hasta que son raíces otra vez
y otra vez, demoliéndose y naciendo,
suben a conocer la primavera.

Oh corazón perdido
en mí mismo, en mi propia investidura,
qué generosa transición te puebla!
Yo no soy el culpable
de haber huido ni de haber acudido:
no me pudo gastar la desventura!
La propia dicha puede ser amarga
a fuerza de besarla cada día

y no hay camino para liberarse
del sol sino la muerte.

Qué puedo hacer si me escogió la estrella
para relampaguear, y si la espina
me condujo al dolor de algunos muchos.
Qué puedo hacer si cada movimiento
de mi mano me acercó a la rosa?
Debo pedir perdón por este invierno,
el más lejano, el más inalcanzable
para aquel hombre que buscaba el frío
sin que sufriera nadie por su dicha?

Y si entre estos caminos:
—Francia distante, números de niebla—
vuelvo al recinto de mi propia vida:
un jardín solo, una comuna pobre,
y de pronto este día igual a todos
baja por las escalas que no existen
vestido de pureza irresistible,
y hay un olor de soledad aguda,
de humedad, de agua, de nacer de nuevo:
qué puedo hacer si respiro sin nadie,
por qué voy a sentirme malherido?

CON QUEVEDO, EN PRIMAVERA

Todo ha florecido en
estos campos, manzanos,
azules titubeantes, malezas amarillas,
y entre la hierba verde viven las amapolas.
El cielo inextinguible, el aire nuevo
de cada día, el tácito fulgor,
regalo de una extensa primavera.
Sólo no hay primavera en mi recinto.
Enfermedades, besos desquiciados,
como yedras de iglesia se pegaron
a las ventanas negras de mi vida
y el solo amor no basta, ni el salvaje
y extenso aroma de la primavera.

Y para ti qué son en este ahora
la luz desenfrenada, el desarrollo
floral de la evidencia, el canto verde
de las verdes hojas, la presencia
del cielo con su copa de frescura?
Primavera exterior, no me atormentes,
desatando en mis brazos vino y nieve,
corola y ramo roto de pesares,
dame por hoy el sueño de las hojas
nocturnas, la noche en que se encuentran
los muertos, los metales, las raíces,
y tantas primaveras extinguidas
que despiertan en cada primavera.

LLAMA EL OCEANO

No voy al mar en este ancho verano
cubierto de calor, no voy más lejos
de los muros, las puertas y las grietas
que circundan las vidas y mi vida.

En qué distancia, frente a cuál ventana,
en qué estación de trenes
dejé olvidado el mar y allí quedamos,
yo dando las espaldas a lo que amo
mientras allá seguía la batalla
de blanco y verde y piedra y centelleo.
Así fue, así parece que así fue:
cambian las vidas, y el que va muriendo
no sabe que esa parte de la vida,
esa nota mayor, esa abundancia
de cólera y fulgor quedaron lejos,
te fueron ciegamente cercenadas.

No, yo me niego al mar desconocido,
muerto, rodeado de ciudades tristes,
mar cuyas olas no saben matar,
ni cargarse de sal y de sonido:
Yo quiero el mío mar, la artillería
del océano golpeando las orillas,
aquel derrumbe insigne de turquesas,
la espuma donde muere el poderío.

No salgo al mar este verano: estoy
encerrado, enterrado, y a lo largo
del túnel que me lleva prisionero
oigo remotamente un trueno verde,
un cataclismo de botellas rotas,
un susurro de sal y de agonía.

Es el libertador. Es el océano,
lejos, allá, en mi patria, que me espera.

JARDIN DE INVIERNO

Llega el invierno. Espléndido dictado
me dan las lentas hojas
vestidas de silencio y amarillo.

Soy un libro de nieve,
una espaciosa mano, una pradera,
un círculo que espera,
pertenezco a la tierra y a su invierno.

Creció el rumor del mundo en el follaje,
ardió después el trigo constelado
por flores rojas como quemaduras,
luego llegó el otoño a establecer
la escritura del vino:
todo pasó, fue el cielo pasajero
la copa del estío,
y se apagó la nube navegante.

Yo esperé en el balcón tan enlutado,
como ayer con las yedras de mi infancia,
que la tierra extendiera
sus alas en mi amor deshabitado.

Yo supe que la rosa caería
y el hueso del durazno transitorio
volvería a dormir y a germinar:
y me embriagué con la copa del aire
hasta que todo el mar se hizo nocturno
y el arrebol se convirtió en ceniza.

La tierra vive ahora
tranquilizando su interrogatorio,
extendida la piel de su silencio.
Yo vuelvo a ser ahora
el taciturno que llegó de lejos
envuelto en lluvia fría y en campanas:
debo a la muerte pura de la tierra
la voluntad de mis germinaciones.

REGRESOS

Dos regresos se unieron a mi vida
y al mar de cada día:
de una vez afronté la luz, la tierra,
cierta paz provisoria. Una cebolla
era la luna, globo
nutricio de la noche, el sol naranja
sumergido en el mar:
una llegada
que soporté, que reprimí hasta ahora,
que yo determiné, y aquí me quedo:
ahora la verdad es el regreso.

Lo sentí como quebrantadura,
como una nuez de vidrio
que se rompe en la roca
y por allí, en un trueno, entró la luz,
la luz del litoral, del mar perdido,
del mar ganado ahora y para siempre.

Yo soy el hombre de tantos regresos
que forman un racimo traicionado,
de nuevo, adiós, por un temible viaje
en que voy sin llegar a parte alguna:
mi única travesía es un regreso.

Y esta vez entre las incitaciones
temí tocar la arena, el resplandor
de este mar malherido y derramado,
pero dispuesto ya a mis injusticias
la decisión cayó con el sonido
de un fruto de cristal que se destroza
y en el golpe sonoro vi la vida,
la tierra envuelta en sombras y destellos
y la copa del mar bajo mis labios.

ANIMAL DE LUZ

Soy en este sin fin sin soledad
un animal de luz acorralado
por sus errores y por su follaje:
ancha es la selva: aquí mis semejantes
pululan, retroceden o trafican,
mientras yo me retiro acompañado
por la escolta que el tiempo determina:
olas del mar, estrellas de la noche.

Es poco, es ancho, es escaso y es todo.
De tanto ver mis ojos otros ojos
y mi boca de tanto ser besada,
de haber tragado el humo
de aquellos trenes desaparecidos:
las viejas estaciones despiadadas
y el polvo de incesantes librerías,
el hombre yo, el mortal, se fatigó
de ojos, de besos, de humo, de caminos,
de libros más espesos que la tierra.

Y hoy en el fondo del bosque perdido
oye el rumor del enemigo y huye
no de los otros sino de sí mismo,
de la conversación interminable,
del coro que cantaba con nosotros
y del significado de la vida.

Porque una vez, porque una voz, porque una
sílaba o el transcurso de un silencio
o el sonido insepulto de la ola
me dejan frente a frente a la verdad,

y no hay nada más que descifrar,
ni nada más que hablar: eso era todo:
se cerraron las puertas de la selva,
circula el sol abriendo los follajes,
sube la luna como fruta blanca
y el hombre se acomoda a su destino.

OTOÑO

Estos meses arrastran la estridencia
de una guerra civil no declarada.
Hombres, mujeres, gritos, desafíos,
mientras se instala en la ciudad hostil,
en las arenas ahora desoladas
del mar y sus espumas verdaderas,
el Otoño, vestido de soldado,
gris de cabeza, lento de actitud:
el Otoño invasor cubre la tierra.

Chile despierta o duerme. Sale el sol
meditativo entre hojas amarillas
que vuelan como párpados políticos
desprendidos del cielo atormentado.

Si antes no había sitio por las calles,
ahora sí, la sustancia solitaria
de ti y de mí, tal vez de todo el mundo,
quiere salir de compras o de sueños,
busca el rectángulo de soledad
con el árbol aún verde que vacila
antes de deshojarse y desplomarse
vestido de oro y luego de mendigo.

Yo vuelvo al mar envuelto por el cielo:
el silencio entre una y otra ola
establece un suspenso peligroso:
muere la vida, se aquieta la sangre
hasta que rompe el nuevo movimiento
y resuena la voz del infinito.

LA ESTRELLA

Bueno, ya no volví, ya no padezco
de no volver, se decidió la arena
y como parte de ola y de pasaje,
sílaba de la sal, piojo del agua,
yo, soberano, esclavo de la costa
me sometí, me encadené a mi roca.
No hay albedrío para los que somos
fragmento del asombro,
no hay salida para este volver
a uno mismo, a la piedra de uno mismo,
ya no hay más estrella que el mar.

2000

(1974)

Las nueve composiciones que conforman el poemario titulado *2000* constituyen, en su conjunto, una de las visiones poéticas más sombrías de Neruda después de *Residencia en la tierra*. La crítica, junto con señalar las obvias relaciones que existen entre este libro y el angustioso mundo residenciario ha destacado, sobre todo, sus posibles concomitancias con otras dos obras, por cierto, más próximas a su poesía póstuma: *Fin de mundo* (1969) y *La espada encendida* (1970). Estos poemarios, más el que comentamos, conformarían lo que Enrico Mario Santí llama "apocalipsis sin Dios",[1] utilizando el oxímoron con el que Amado Alonso se refiere al universo de las **residencias** en su libro *Poesía y estilo de Pablo Neruda* (1940).

La visión apocalíptica, en la que insiste Santí, es posible confirmarla en las dos obras antes citadas, pero es imposible generalizar su sentido tratándose de tres libros diferentes. De hecho, como señala el mismo crítico citado, *2000* está más cerca de *Fin de mundo* que de *La espada encendida*. No puede compararse, por cierto, el voluntarismo épico que guía el deicidio en la ficción poética de *La espada encendida*, con el clima esencialmente lírico dominante en las otras dos obras antes mencionadas.

En el marco de este lirismo poético también se impone en la poesía de Neruda un nuevo tratamiento de la naturaleza. Esta se reviste de una función fundamental en la obra póstuma nerudiana, con un sentido también nuevo que es necesario explicitar, aunque sea muy suscintamente. Cuando el escritor se refiere a la naturaleza, sobre todo, a partir del *Canto general* (1950), lo hace en términos de dominio: es el hombre el que la somete a su arbitrio, el que la trabaja en función de sus propias necesidades. Incluso, la noción de ''jardín'' en el libro comentado anteriormente —*Jardín de invierno*— nos remite metafóricamente a una naturaleza cultivada, cercada, ordenada por el poeta; aunque ésta, en otra dimensión, se muestre indiferente a la angustia existencial que lo domina.

---

[1] Enrico Mario Santí, "Neruda: la modalidad apocalíptica", en *Pablo Neruda. El escritor y la crítica*, p. 26.

Sin embargo, en *2000* la confianza del "yo" se desplaza del hombre a la naturaleza cuando se trata, sobre todo, de perseverar sobre su propio fin y de proyectarse al incierto futuro de la humanidad. Ese sentimiento de la muerte —del hombre y del mundo— pone de relieve la visión perennemente dinámica de la naturaleza, en su cíclica renovación, sobre todo frente al ser detenido, "mineralizado" u "oxidado" (tratándose de una simbología telúrica o marina, respectivamente). En esta circunstancia, la naturaleza —antes esclava del hombre— se convierte en el punto de referencia más recurrente de la lírica reflexión nerudiana sobre la continuidad y el fin de la vida. El "yo" pluralizado en este libro —a diferencia de la perspectiva individual adoptada en *Jardín de invierno*— se pone la máscara del anonimato, confundiéndose con el "nosotros", para reclamar inútilmente la oportunidad de renacer, como la naturaleza en primavera, aunque sea un sólo instante: "...queremos existir un solo minuto **florido**", dice Neruda (ver, "Los invitados").

Otro de los aspectos particularmente importantes, destacado también por la crítica,[2] es la especial disposición discursiva de este libro. El poeta subvierte el orden habitual de su discurso lírico para situarse en el tiempo venidero, no transcurrido aún: el de la muerte. Como si se tratara de un relato fantástico, Neruda sitúa la anécdota poética en un tiempo ulterior al del discurso, desplazándose, en el eje de la temporalidad, hasta el fin del milenio. Desde esa imaginaria posición de privilegio el "yo" puede volver su vista atrás para referir, incluso, su propia muerte y asomarse, en su inquebrantable afán indagatorio, a las puertas del próximo milenio. Con versos próximos a Quevedo —su eterno compañero en este viaje exploratorio— el poeta se adelanta a su presente para instalarse en el futuro y observar, desde allí, no sólo el macabro espectáculo de sí mismo, sino atisbar también el tiempo venidero, en un supremo esfuerzo por indagar el por-venir, más allá —incluso— de su propia muerte: "...hoy no queda sino mi vago esqueleto,/ mis ojos desquiciados frente al tiempo/ inicial..." (ver, "Los hombres").

Este procedimiento discursivo que Neruda utiliza para transformar en poesía lo único que le faltaba —su propia muerte—, debe entenderse también en el marco de una visión totalizadora que le permite al poeta constatar —desde su atalaya finisecular— el destino perecedero de la humanidad. Sin embargo y, como es habitual en la poesía del escritor

---

[2] Eliana Rivero, "La temporalidad como circunstancia lírica en la obra póstuma de Pablo Neruda", en *Coloquio...*, pp. 301-20.

chileno, el "yo" siempre latente —pluralizado o no— se impone en su autorreferencialidad. En este caso se trata de hacer el balance de su vida, pero la voluntad de perseverar en su existencia transforma esta cuenta final en un legado poético destinado a permanecer más allá de la muerte. Tal es la única trascendencia posible y también la única certeza del "yo" que ha convertido su existir en palabra poética: "...Mi osamenta/ consistió, a veces, en palabras duras/ como huesos al aire y a la lluvia,/ .../ dejando de vez en cuando un testimonio/ un porfiado esqueleto de palabras" (ver, "Celebración").

I
LAS MASCARAS

Piedad para estos siglos y sus
    sobrevivientes
alegres o maltrechos, lo que no hicimos
fue por culpa de nadie, faltó acero:
lo gastamos en tanta inútil destrucción,
no importa en el balance nada de esto:
los años padecieron de pústulas y guerras,
años desfallecientes cuando tembló la
    esperanza
en el fondo de las botellas enemigas.
Muy bien, hablaremos alguna vez, algunas
    veces,
con una golondrina para que nadie
    escuche:
tengo vergüenza, tenemos el pudor de los
    viudos:
se murió la verdad y se pudrió en tantas
    fosas:
es mejor recordar lo que va a suceder:
en este año nupcial no hay derrotados:
pongámonos cada uno máscaras
    victoriosas.

III
LAS ESPIGAS

El sin cesar ha terminado en flores,
en largo tiempo que extiende su camino
en cinta, en la novedad del aire,
y si por fin hallamos bajo el polvo
el mecanismo del próximo futuro
simplemente reconozcamos la alegría
así como se presenta! Como una espiga
    más,
de tal manera que el olvido contribuya
a la claridad verdadera que sin duda no
    existe.

IV
LA TIERRA

Amarillo, amarillo sigue siendo
el perro que detrás del otoño circula
haciendo entre las hojas circunferencias
    de oro,
ladrando hacia los días desconocidos.
Así veréis lo imprevisto de ciertas
    situaciones:
junto al explorador de las terribles
    fronteras
que abren el infinito, he aquí el predilecto,
el animal perdido del otoño.
Qué puede cambiar de tierra a tiempo, de
    sabor a estribor,
de luz velocidad a circunstancia terrestre?
Quién adivinará la semilla en la sombra
si como cabelleras las mismas arboledas
dejan caer rocío sobre las mismas
    herraduras,
sobre las cabezas que reúne el amor,
sobre las cenizas de corazones muertos?
Este mismo planeta, la alfombra de mil
    años,
puede florecer pero no acepta la muerte
    ni el reposo:
las cíclicas cerraduras de la fertilidad
se abren en cada primavera para las llaves
    del sol
y resuenan los frutos haciéndose cascada,
sube y baja el fulgor de la tierra a la boca

y el humano agradece la bondad de su
   reino.

Alabada sea la vieja tierra color de
   excremento,
sus cavidades, sus ovarios sacrosantos,
las bodegas de la sabiduría que encerraron
cobre, petróleo, imanes, ferreterías, pureza,
el relámpago que parecía bajar desde el
   infierno
fue atesorado por la antigua madre de las
   raíces
y cada día salió el pan a saludarnos
sin importarle la sangre y la muerte que
   vestimos los hombres,
la maldita progenie que hace la luz del
   mundo.

V
LOS INVITADOS

Y nosotros los muertos, los escalonados
    en el tiempo,
sembrados en cementerios utilitarios y
    arrogantes
o caídos en hueseras de pobres bolivianos,
nosotros, los muertos de 1925, 26,
33, 1940, 1918, mil novecientos cinco,
mil novecientos mil, en fin, nosotros,
los fallecidos antes de esta estúpida cifra
en que ya no vivimos, qué pasa con
    nosotros?

Yo, Pedro Páramo, Pedro Semilla, Pedro
    Nadie,
es que no tuve derecho a cuatro números
    y a la resurrección?
Yo quiero ver a los resurrectos para
    escupirles la cara,
a los adelantados que están a punto de
    caer
en aviones, ferrocarriles, en las guerras
    del odio,
los que apenas tuvieron tiempo de nacer y
    presentar
armas al nuevo siglo y quedarán
    tronchados,
pudriéndose en la mitad de los festejos y
    del vino!

Quiero salir de mi tumba, yo muerto, por
    qué no?

Por qué los prematuros van a ser
    olvidados?
Todos son invitados al convite!

Es un año más, es un siglo más, con
    muertos y vivos,
y hay que cuidar el protocolo, poner no
    sólo la vida,
sino las flores secas, las coronas podridas,
    el silencio,
porque el silencio tiene derecho a la
    hermosura
y nosotros, diputados de la muerte,
queremos existir un solo minuto florido
cuando se abran las puertas del honor
    venidero!

VI
LOS HOMBRES

Yo soy Ramón González Barbagelata, de
 cualquier parte,
de Cucuy, de Paraná, de Río Turbio, de
 Oruro,
de Maracaibo, de Parral, de Ovalle, de
 Loncomilla,
tanto da, soy el pobre diablo del pobre
 Tercer Mundo,
el pasajero de tercera instalado, Jesús!,
en la lujosa blancura de las cordilleras
 nevadas,
disimulando entre las orquídeas de fina
 idiosincrasia.

He llegado a este mentado año 2000, y
 qué saco,
con qué me rasco, qué tengo yo que ver
con los tres ceros que se ostentan
 gloriosos
sobre mi propio cero, sobre mi
 inexistencia?
Ay de aquel corazón que esperó su
 bandera
o del hombre enramado por el amor más
 tierno,
hoy no queda sino mi vago esqueleto,
mis ojos desquiciados frente al tiempo
 inicial.

OSVALDO RODRIGUEZ

Tiempo inicial: son estos barracones
    perdidos,
estas pobres escuelas, estos aún harapos,
esta inseguridad terrosa de mis pobres
    familias,
esto es el día, el siglo inicial, la puerta
    de oro?

Yo, por lo menos, sin hablar de más,
    vamos, callado
como fui en la oficina, remendado y
    absorto,
proclamo lo superfluo de la inauguración:
aquí llegué con todo lo que anduvo
    conmigo,
la mala suerte y los peores empleos,
la miseria esperando siempre de par en
    par,
la movilización de la gente hacinada
y la geografía numerosa del hambre.

VII
LOS OTROS HOMBRES

En cambio yo, pecador pescador,
ex vanguardero ya pasado de moda,
de aquellos años muertos y remotos
hoy estoy a la entrada del milenio,
anarcopitalista furibundo,
dispuesto a dos carrillos a morder
la manzana del mundo.
Edad más floreciente ni Florencia
conoció, más florida que Florida,
más Paraíso que Valparaíso.
Yo respiro a mis anchas
en el jardín bancario de este siglo
que es por fin una gran cuenta corriente
en que por suerte soy acreedor.
Gracias a la inversión y subversión
haremos más higiénica esta edad,
ninguna guerra colonial tendrá este
     nombre
tan desacreditado y repetido,
la democracia pulverizadora
se hará cargo del nuevo diccionario:
es bello este 2000 igual al 1000:
los tres ceros iguales nos resguardan
de toda insurrección innecesaria.

IX
CELEBRACION

Pongámonos los zapatos, la camisa listada,
el traje azul aunque ya brillen los codos,
pongámonos los fuegos de bengala y de
      artificio,
pongámonos vino y cerveza entre el cuello
      y los pies,
porque debidamente debemos celebrar
este número inmenso que costó tanto
      tiempo,
tantos años y días en paquetes,
tantas horas, tantos millones de minutos,
vamos a celebrar esta inauguración.

Desembotellemos todas las alegrías
      resguardadas
y busquemos alguna novia perdida
que acepte una festiva dentellada.
Hoy es. Hoy ha llegado. Pisamos el tapiz
del interrogativo milenio. El corazón, la
      almendra
de la época creciente, la uva definitiva
irá depositándose en nosotros,
y será la verdad tan esperada.

Mientras tanto una hoja del follaje
acrecienta el comienzo de la edad:
rama por rama se cruzará el ramaje,
hoja por hoja subirán los días
y fruto a fruto llegará la paz:
el árbol de la dicha se prepara

desde la encarnizada raíz que sobrevive
buscando el agua, la verdad, la vida.

Hoy es hoy. Ha llegado este mañana
preparado por mucha oscuridad:
no sabemos si es claro todavía
este mundo recién inaugurado:
lo aclararemos, lo oscureceremos
hasta que sea dorado y quemado
como los granos duros del maíz:
a cada uno, a los recién nacidos,
a los sobrevivientes, a los ciegos,
a los mudos, a mancos y cojos,
para que vean y para que hablen,
para que sobrevivan y recorran,
para que agarren la futura fruta
del reino actual que dejamos abierto
tanto al explorador como a la reina,
tanto al interrogante cosmonauta
como al agricultor tradicional,
a las abejas que llegan ahora
para participar en la colmena
y sobre todo a los pueblos recientes,
a los pueblos crecientes desde ahora
con las nuevas banderas que nacieron
en cada gota de sangre o sudor.

Hoy es hoy y ayer se fue, no hay duda.

Hoy es también mañana, y yo me fui
con algún año frío que se fue,
se fue conmigo y me llevó aquel año.

De esto no cabe duda. Mi osamenta
consistió, a veces, en palabras duras
como huesos al aire y a la lluvia,
y pude celebrar lo que sucede
dejando en vez de canto o testimonio
un porfiado esqueleto de palabras.

EL CORAZON AMARILLO

(1974)

La metáfora de filiación romántica —como espacio del centro que conlleva la vida— y la connotación temporal que la cualifica como "tiempo endurecido en pátina",[1] nos sitúa en el ámbito lírico de este poemario que se nos presenta, a primera vista, con un aparente tono despreocupado, a pesar de las no resueltas interrogantes que atormentan al poeta. Por ello la crítica ha relacionado esta obra con *Estravagario* (1958), libro emblemático en cuanto que representa el reingreso de la muerte en la poesía de Neruda, después de su época residenciaria. Es cierto, la conciencia de la muerte que, desde *Estravagario* se impone progresivamente en el universo lírico nerudiano, enfrentada por el escritor con su arma poética cargada de ironía, encuentra en *El corazón amarillo* una de sus realizaciones más plenas. Sólo que, en este libro póstumo, aquellas notas visibles en *Estravagario* adquieren, como dice Bellini, "un significado más hondo a la luz de la situación física del poeta".[2]

Es indudable que libros póstumos como éste que comentamos, por su carácter epigonal, desarrollan intuiciones que probablemente germinaron en otras obras, sobre todo, en poemarios claves como *Estravagario*, un libro que asienta las bases de una nueva etapa o ciclo poético. Pero no nos debe confundir la tendencia nerudiana de volver siempre sobre sí mismo —sobre su propia cantera poética— para generalizar o establecer homologías restrictoras. Tratándose de Neruda, sobre todo, hay que recordar que esta obra, como cualquier otra, funciona en su propio contexto de producción e inserta su sentido en el marco de una poética que, en este caso, está presidida por el sentimiento de la muerte, reactualizada —como dijimos— en *Estravagario*.

Desde esta perspectiva todas las relaciones son posibles, incluso —apurando las cosas— se puede decir que la propia concepción de este libro póstumo, tiene su referente inmediato —acaso genésico— en la metáfora del "corazón", explicitada en el poema "No me pregunten" de

---

[1] J. A. Pérez-Rioja, *Diccionario de símbolos y mitos*, Madrid, Ediciones Tecnos, 1980, p. 59.

[2] Giuseppe Bellini, *op. cit.*, p. 36.

Estravagario: "Tengo el corazón pesado/ de tantas cosas que conozco,/ es como si llevara piedras/ desmesuradas en un saco...".[3]

Sin duda, entre uno y otro poemario hay una implícita relación, más allá de la extravagancia, del humor y la ironía en la que tanto ha insistido la crítica. La melancólica visión del "yo" que reaparece también en *Estravagario* y que se expresa en ese "cansancio de vivir" o en el anhelo de intimidad, es un sentimiento lírico que se acentúa al extremo en *El corazón amarillo* (ver, "Otro más" y "Sin embargo me muevo").

Lo mismo puede decirse del "silencio" y de la "soledad" concebidos, del mismo modo que en *Jardín de invierno*, en términos de morada, de un espacio cerrado, pero habitado con las propias vidas del poeta. Este también es el sentido del "corazón", metáfora que alude al espacio íntimo donde se atesora el silencio, pero también las vidas vividas. Como bien lo advierte Jaime Alazraki, a propósito del poema "Una estatua en el silencio", aquella morada "no es un museo de recuerdos (...), es un silencio habitado, pero cuya población es el poeta mismo".[4]

Por último y para puntualizar. Desde nuestro punto de vista no es posible confundir el diferente sentido que tiene el registro humorístico de este libro póstumo con su referente textual: *Estravagario*. En este libro, el humor tiende a exorcizar el temor del "yo" frente a la imagen acechante de la muerte; pero, en definitiva, distante. En *El corazón amarillo*, en cambio, el humor no es sino un antídoto contra el **dolor**, tiene el sentido de una amarga ironía frente a la efectiva presencia de la muerte en el ocaso del poeta. De todos modos, Neruda no se abandona ni al recuerdo doliente ni a la desesperación. El tono dominante de este poemario póstumo es el de melancolía, sin el registro dramático de la obra comentada anteriormente: *2000*.

A este respecto, lo que tienen en común estas obras póstumas es que la inquietud del escritor frente a su propio fin se proyecta al futuro con un sentido lírico y, a veces, dramático, en los términos de una urgente interrogante o indagación sobre el destino humano. El tono, la disposición discursiva con la que el sujeto enfrenta esta incógnita trascendental marca las diferencias entre estas obras, incluso en la forma. La disposición a la ruptura versal y estrófica, en el alucinado mundo de *2000*, nada tiene que

---

[3] Pablo Neruda, *Estravagario*, Buenos Aires, Editorial Losada, 1958. Cito por *Obras completas*, 4ª ed. (vol. II), Editorial Losada, 1973, p. 628.

[4] Jaime Alazraki, *op. cit.*, pp. 306-307.

ver con la tendencia al equilibrio formal, impuesto por el discurrir reflexivo en las otras obras póstumas ya comentadas: *La rosa separada* o *Jardín de invierno*. Estos libros, además de *El corazón amarillo*, nada tienen que ver tampoco con la disposición temporal que asume el discurso lírico en un libro como el ya citado *2000*. La visión apocalíptica de dicho poemario impele al sujeto a trascender su propio presente para instalarse en el futuro y contemplar, desde allí, no sólo su propia muerte sino la destrucción de la humanidad, como también lo hace en *Fin de mundo* (1961). Estas otras obras póstumas, en cambio, no registran salto temporal alguno; desde su presente dolorido el poeta se proyecta a un futuro hipotético, sin descifrar la incógnita que él se plantea a sí mismo en términos de acertijo. Uno de los poemas más inquietantes de *El corazón amarillo*, cuya autorreferencialidad es evidente en este sentido, así lo demuestra: "Por los días del año que vendrá/ encontraré una hora diferente:/ una hora de pelo catarata,/ una hora ya nunca transcurrida..." (ver "Enigma para intranquilos").

UNO

Por incompleto y fusiforme
yo me entendí con las agujas
y luego me fueron hilando
sin haber nunca terminado.

Por eso el amor que te doy
mi mujer, mi mujer aguja,
se enrolla en tu oreja mojada
por el vendaval de Chillán
y se desenrolla en tus ojos
desatando melancolías.

No hallo explicación halagüeña
a mi destino intermitente,
mi vanidad me conducía
hacia inauditos heroísmos:
pescar debajo de la arena,
hacer agujeros en el aire,
comerme todas las campanas.
Y sin embargo hice poco
o no hice nada sin embargo,
sino entrar por una guitarra
y salir cantando con ella.

OTRO MAS

Yo volví del fondo del mar
odiando las cosas mojadas:
me sacudí como los perros
de las olas que me querían
y de repente me sentí
contento de mi desembarco
y únicamente terrestre.
Los periodistas dirigieron
su maquinaria extravagante
contra mis ojos y mi ombligo
para que les contara cosas
como si yo me hubiera muerto,
como si yo fuera un vulgar
cadáver especializado,
sin tomar en cuenta mi ser
que me exigía caminar
antes de que yo regresara
a mis costumbres espantosas:
estuve a punto de volver
a sumergirme en la marea.

Porque mi historia se duplica
cuando en mi infancia descubrí
mi depravado corazón
que me hizo caer en el mar
y acostumbrarme a submarino.

Allí estudié para pintor,
allí tuve casa y pescado,
bajo las olas me casé,
no me acuerdo ni cuáles fueron

mis novias de profundidad
y lo cierto es que todo aquello
era una incólume rutina:
yo me aburría con los peces
sin incidencias ni batallas
y ellos pensaron que tal vez
yo era un monótono cetáceo.

Cuando por imaginación
pisé la arena de Isla Negra
y viví como todo el mundo,
me tocan tanto la campana
y preguntan cosas idiotas
sobre los aspectos remotos
de una vida tan ordinaria
no sé qué hacer para espantar
a estos extraños preguntones.

Le pido a un sabio que me diga
dónde puedo vivir tranquilo.

SIN EMBARGO ME MUEVO

De cuando en cuando soy feliz!,
opiné delante de un sabio
que me examinó sin pasión
y me demostró mis errores.

Tal vez no había salvación
para mis dientes averiados,
uno por uno se extraviaron
los pelos de mi cabellera:
mejor era no discutir
sobre mi tráquea cavernosa:
en cuanto al cauce coronario
estaba lleno de advertencias
como el hígado tenebroso
que no me servía de escudo
o este riñón conspirativo.
Y con mi próstata melancólica
y los caprichos de mi uretra
me conducían sin apuro
a un analítico final.

Mirando frente a frente al sabio
sin decidirme a sucumbir
le mostré que podía ver,
palpar, oír y padecer
en otra ocasión favorable.
Y que me dejara el placer
de ser amado y de querer:
me buscaría algún amor
por un mes o por una semana
o por un penúltimo día.

El hombre sabio y desdeñoso
me miró con la indiferencia
de los camellos por la luna
y decidió orgullosamente
olvidarse de mi organismo.

Desde entonces no estoy seguro
de si yo debo obedecer
a su decreto de morirme
o si debo sentirme bien
como mi cuerpo me aconseja.

Y en esta duda yo no sé
si dedicarme a meditar
o alimentarme de claveles.

OSVALDO RODRIGUEZ

GATOS NOCTURNOS

Cuántas estrellas tiene un gato
me preguntaron en París
y comencé tigre por tigre
a acechar constelaciones:
porque dos ojos acechantes
son palpitaciones de Dios
en los ojos fríos del gato
y dos centellas en el tigre.

Pero es una estrella la cola
de un gato erizado en el cielo
y es un tigre de piedra azul
la noche azul de Antofagasta.

La noche gris de Antofagasta
se eleva sobre las esquinas
como una derrota elevada
sobre la fatiga terrestre
y se sabe que es el desierto
el otro rostro de la noche
tan infinita, inexplorada
como el no ser de las estrellas.

Y entre las dos copas del alma
los minerales centellean.

Nunca vi un gato en el desierto:
la verdad es que nunca tuve
para dormir más compañía
que las arenas de la noche,
las circunstancias del desierto
o las estrellas del espacio.

Porque así no son y así son
mis pobres averiguaciones.

ENIGMA PARA INTRANQUILOS

Por los días del año que vendrá
encontraré una hora diferente:
una hora de pelo catarata,
una hora ya nunca transcurrida:
como si el tiempo se rompiera allí
y abriera una ventana: un agujero
por donde deslizarnos hacia el fondo.

Bueno, aquel día con la hora aquella
llegará y dejará todo cambiado:
no se sabrá ya más si ayer se fue
o lo que vuelve es lo que no pasó.
Cuando de aquel reloj caiga una hora
al suelo, sin que nadie la recoja,
y al fin tengamos amarrado el tiempo,
ay! sabremos por fin dónde comienzan
o dónde se terminan los destinos,
porque en el trozo muerto o apagado
veremos la materia de las horas
como se ve la pata de un insecto.

Y dispondremos de un poder satánico:
volver atrás o acelerar las horas:
llegar al nacimiento o a la muerte
con un motor robado al infinito.

OSVALDO RODRIGUEZ

MAÑANA CON AIRE

Del aire libre prisionero
va un hombre de a media mañana
como un globo de cristal.
Qué puede saber y conocer
si está encerrado como un pez
entre el espacio y el silencio,
si los follajes inocentes
le esconden las moscas del mal?

Es mi deber de sacerdote,
de geógrafo arrepentido,
de naturalista engañado,
abrir los ojos del viajero:

Me paro en medio del camino
y detengo su bicicleta:

Olvidas, le digo, villano,
ignorante lleno de oxígeno,
el tugurio de las desdichas
y los rincones humillados?

Ignoras que allí con puñal,
acá con garrote y pedrada,
más allá con revólver negro
y en Chicago con tenedor
se asesinan las alimañas,
se despedazan las palomas
y se degüellan las sandías?

Arrepiéntete del oxígeno,
dije al viajero sorprendido,
no hay derecho a entregar la vida
a la exclusiva transparencia.

Hay que entrar en la casa oscura,
en el callejón de la muerte,
tocar la sangre y el terror,
compartir el mal espantoso.

El transeúnte me clavó
sus dos ojos incomprensivos
y se alejó en la luz del sol
sin responder ni comprender.

Y me dejó —triste de mí—
hablando solo en el camino.

EL TIEMPO QUE NO SE PERDIO

No se cuentan las ilusiones
ni las comprensiones amargas,
no hay medida para contar
lo que no podría pasarnos,
lo que rondó como abejorro
sin que no nos diéramos cuenta.
de lo que estábamos perdiendo.

Perder hasta perder la vida
es vivir la vida y la muerte
y no son cosas pasajeras
sino constantes evidentes
la continuidad del vacío,
el silencio en que cae todo
y por fin nosotros caemos.

Ay! lo que estuvo tan cerca
sin que pudiéramos saber.
Ay! lo que no podía ser
cuando tal vez podía ser.

Tantas alas circunvolaron
las montañas de la tristeza
y tantas ruedas sacudieron
la carretera del destino
que ya no hay nada que perder.

Se terminaron los lamentos.

SUBURBIOS

Celebro las virtudes y los vicios
de pequeños burgueses suburbanos
que sobrepasan el refrigerador
y colocan sombrillas de color
junto al jardín que anhela una piscina:
este ideal del lujo soberano
para mi hermano pequeño burgués
que eres tú y que soy yo, vamos diciendo
la verdad verdadera en este mundo.

La verdad de aquel sueño a corto plazo
sin oficina el sábado, por fin,
los despiadados jefes que produce
el hombre en los graneros insolubles
donde siempre nacieron los verdugos
que crecen y se multiplican siempre.

Nosotros, héroes y pobres diablos,
débiles, fanfarrones, inconclusos,
y capaces de todo lo imposible
siempre que no se vea ni se oiga,
donjuanes y donjuanas pasajeros
en la fugacidad de un corredor
o de un tímido hotel de pasajeros.
Nosotros con pequeñas vanidades
y resistidas ganas de subir,
de llegar donde todos han llegado
porque así nos parece que es el mundo:
una pista infinita de campeones
y en un rincón nosotros, olvidados
por culpa de tal vez todos los otros
porque eran tan parecidos a nosotros
hasta que se robaron sus laureles,
sus medallas, sus títulos, sus nombres.

LIBRO DE LAS PREGUNTAS

(1974)

Como en *La rosa separada*, la problemática que representa el acertijo, no descifrado, sobre el destino humano y el sentido de la vida, deviene en una sola interrogante generalizada, cuya respuesta es el silencio. Pero, a diferencia de aquella obra, despojado de todo ritualismo trascendente, el poeta del *Libro de las preguntas* se enfrenta al sin sentido de la vida, marcada por la muerte, con una colección próxima a las cuatrocientas preguntas, sin buscar —en realidad—, ninguna respuesta. Se trata de responder al absurdo, con el absurdo mismo. Y si no se espera ninguna respuesta es porque ella —la evidencia que se esquiva— está contenida en la misma interrogante.

En este sentido el *Libro de las preguntas*, quizás como ningún otro, ilustra la amarga ironía que poníamos de relieve en *El corazón amarillo*. También, como en aquel poemario, el libro que ahora nos ocupa nos remite, sin duda, a *Estravagario*, acentuando, por cierto, el sombrío tono quevedesco presente en esa obra. Por lo visto, el proyecto poético nerudiano del *Libro de las preguntas*, formal y temáticamente, también germina en la obra antes mencionada. La serie de dísticos interrogativos y la macabra visión de la muerte de un poema de *Estravagario*, como el titulado "Por boca cerrada entran las moscas",[1] así parece demostrarlo:

    Por qué con esas llamas rojas
    se han dispuesto a arder los rubíes?

    Por qué el corazón del topacio
    tiene panales amarillos?

Estos dísticos y la serie que los continúa en el poema recién citado no difieren, en absoluto, de los que constituirán —después de quince años— el cuerpo textual del *Libro de las preguntas*. Más aún, si reparamos en los versos finales de aquel poema, donde la incógnita no desvelada de la muerte se manifiesta como evidencia de "huesos" y

---

[1] Pablo Neruda, *op. cit.*, pp. 685-87.

"calavera", se podrá constatar que el absurdo de las interrogantes sobre la muerte, no es más que la expresión del sinsentido de la vida.

Esta intuición lírica que, como decimos, posiblemente tiene su germen en *Estravagario*, como en el caso de *El corazón amarillo*, se desarrolla y ahonda en el *Libro de las preguntas*, sólo que en esta última obra el absurdo es llevado a su límite extremo. Lo dicho nos confirma la unidad de la poética nerudiana, pero también su evolución en términos de profundidad. Los motivos que serán recreados en la poesía posterior, incluso el germen de una nueva forma poética —próxima a lo clásico y de registro quevedesco—, parecen describir una curva elíptica cuyos respectivos extremos son *Extravagario* y su poesía póstuma. Sólo que aquí, en su última fase de creación, el escritor —con la madurez de su oficio— puede encauzar su sentimiento poético por el camino de la reflexión lírica, por el derrotero de la expresividad apocalíptica; o bien, por la vía del absurdo, como es el caso del *Libro de las preguntas*.

Sería una redundancia insistir en el signo ciertamente dramático que se oculta tras la máscara de humor e ironía que rezuman estos dísticos, auténticos epígrafes o trazos del pensamiento sobre el sinsentido de la vida. Obviamente, el desengaño se impone como el sentimiento dominante en esta obra porque, como dijimos, todas las interrogantes se reducen a una sola pregunta para la cual, en definitiva, no hay respuesta. La única certeza es la evidencia material de la muerte, la de los "huesos disgregados" (XXXVI), la del "polvo" y la "ceniza" sin forma ni destino.

III

Dime, la rosa está desnuda
o sólo tiene ese vestido?

Por qué los árboles esconden
el esplendor de sus raíces?

Quién oye los remordimientos
del automóvil criminal?

Hay algo más triste en el mundo
que un tren inmóvil en la lluvia?

XXXV

No será nuestra vida un túnel
entre dos vagas claridades?

O no será una claridad
entre dos triángulos oscuros?

O no será la vida un pez
preparado para ser pájaro?

La muerte será de no ser
o de sustancias peligrosas?

XXXVI

No será la muerte por fin
una cocina interminable?

Qué harán tus huesos disgregados,
buscarán otra vez tu forma?

Se fundirá tu destrucción
en otra voz y en otra luz?

Formarán parte tus gusanos
de perros o de mariposas?

XXXVIII

No crees que vive la muerte
dentro del sol de una cereza?

No puede matarte también
un beso de la primavera?

Crees que el luto te adelanta
la bandera de tu destino?

Y encuentras en la calavera
tu estirpe a hueso condenada?

OSVALDO RODRIGUEZ

XLIV

Dónde está el niño que yo fui,
sigue adentro de mí o se fue?

Sabe que no lo quise nunca
y que tampoco me quería?

Por qué anduvimos tanto tiempo
creciendo para separarnos?

Por qué no morimos los dos
cuando mi infancia se murió?

Y si el alma se me cayó
por qué me sigue el esqueleto?

XLV

El amarillo de los bosques
es el mismo del año ayer?

Y se repite el vuelo negro
de la tenaz ave marina?

Y donde termina el espacio
se llama muerte o infinito?

Qué pesan más en la cintura,
los dolores o los recuerdos?

LI

Por qué detesto las ciudades
con olor a mujer y orina?

No es la ciudad el gran océano
de los colchones que palpitan?

La oceanía de los aires
no tiene islas y palmeras?

Por qué volví a la indiferencia
del océano desmedido?

LXII

Qué significa persistir
en el callejón de la muerte?

En el desierto de la sal
cómo se puede florecer?

En el mar del no pasa nada
hay vestido para morir?

Cuando ya se fueron los huesos
quién vive en el polvo final?

ELEGIA

(1974)

En cierto modo este poemario representa un cambio de perspectiva en el curso de la poesía póstuma de Neruda. El movimiento indagatorio, que antes se proyectaba a un futuro no desvelado, se vuelve ahora al tiempo transcurrido —a las "vidas vividas"—, en el marco de una experiencia poética que el escritor enuncia en los siguientes términos: "beber(se) el pasado". Tal es el proyecto que el poeta lleva hasta sus últimas consecuencias en este libro elegíaco.

Mucho tiempo ha transcurrido desde la **elegía heroica** que Neruda cantara en "Alturas de Macchu Picchu", del *Canto general* (1950). Allí, el plauto por la muerte individual —la "pequeña muerte"— no tiene sentido. Se canta a la "poderosa muerte", a la que borra las diferencias individuales para poner de relieve la unidad solidaria de los hombres en la historia. Ahora no, en este poemario, como antes en *Jardín de invierno* o *Geografía infructuosa* (1972), la muerte es inaceptable porque ha dejado de ser una abstracción. Se ha convertido en una realidad concreta, en una presencia que se objetiva, paradójicamente, en la ausencia de los seres amados.

Este poemario, cuyo pathos dramático se acentúa al evocar a los amigos muertos en el espacio añorado de los países del Este, tiene, además, una forma dialógica de notable rendimiento lírico. El "yo" dialoga en la ficción poética con los amigos que han desaparecido y este diálogo -en realidad, un soliloquio- pone aún más de relieve la ausencia, el hueco irrecuperable que dejaron esas vidas en la existencia del sujeto. Por eso la muerte es concebida aquí en su más tradicional acepción: como despojo, como violenta privación de la vida, de la propia vida a través de los otros. De este modo, la imagen lírica del "yo" es la de un sobreviviente, la del último pasajero de un navío que va a la deriva.

La ausencia de los amigos muertos resucita, por otra parte, la profunda inquietud del poeta en torno al destino humano. Como en *La rosa separada*, las estatuas constituyen ellas mismas una interrogante; pero ahora, despojadas de toda carga mítica, se revelan ante la conciencia del sujeto en su realidad más dramática. Son un "vestigio congelado", un "despojo del alma" (poema IX). El sentido de la temporalidad vinculado a la muerte, siempre presente en la poesía póstuma de Neruda, encuentra en la imagen de las estatuas su símbolo más representativo. Los siguientes versos del poema recién citado expresan esa visión anquilosada, de tiempo detenido, herrumbroso, que incita a la reflexión: "En verdad son amargas las estatuas/ porque el tiempo se queda/ depositado en ellas, oxidado..."

No hay ironía ni humor en esta poesía de hondo registro lírico, donde la melancolía se impone como el sentimiento dominante. Definitivamente, el "yo", como antes, confundido en el "nosotros", se identifica con sus amigos muertos para constatar —a través de ellos—, no sólo su irremediable ausencia, sino el sentimiento de orfandad que preside la visión lírica de este poemario. En este contexto, refiriéndose a esas figuras espectrales, como si hablara para sí mismo, el poeta comenta: "...eran nosotros mismos y no están,/ y no es porque están muertas,/ sino porque no están, y no hay remedio" (poema XVII). La muerte es, por lo tanto, sinónimo de ausencia en este poemario, despojo paulatino de las múltiples vidas atesoradas por el poeta en su devenir temporal.

VI

Alberto, el toledano,
entre árbol y escultor, cara de hueso,
llegó de aquel exilio
procesional de España y de sus guerras,
y aquí otra vez viví con sus quimeras:
su monumento a la Bandera Roja,
aguja heroica, obelisco futuro,
creyó ver en la Plaza de Moscú
clavando hasta la altura de la gloria
el triunfo gigantesco.
Pero el falso realismo
condenó sus estatuas al silencio,
mientras abominables, bigotudas
estatuas plateadas o doradas
se implantaban en plantas y jardines.

Volví a hablar como ayer, como en España
con él, con sus fantasmas toledanos.

Mi grande Alberto, hambriento
de su dura Castilla natalicia,
fabulador, mitólogo, magnético,
inventor de las formas, panadero,
por qué tú te tenías que morir,
tú también con tu cara de martillo
y tu gran corazón de pan silvestre?

IX

Las palomas visitaron a Pushkin
y picotearon su melancolía:
la estatua de bronce gris habla con las palomas
con paciencia de bronce:
los pájaros modernos
no le entienden,
es otro ahora el idioma
de los pájaros
y con briznas de Pushkin
vuelan a Maiakovski.
Parece de plomo su estatua,
parece que estuviera
hecha de balas:
no hicieron su ternura
sino su bella arrogancia:
si es un demoledor
de cosas tiernas,
cómo pudo vivir
entre violetas,
a la luz de la luna,
en el amor?

Algo le falta siempre a estas estatuas
fijas en la dirección del tiempo
o ensartan puntualmente
el aire con cuchillo militar
o lo dejan sentado (como a Gogol)
transformado en turista de jardín,
y otros hombres, cansados del caballo,
ya no pudieron bajar a comer.
En verdad son amargas las estatuas

porque el tiempo se queda
depositado en ellas, oxidado,
y aunque las flores llegan a cubrir
sus fríos pies, las flores no son besos,
llegan allí también para morir.

Palomas blancas, diurnas,
y poetas nocturnos
giran alrededor de los zapatos
de Maiakovski férreo,
de su espantoso chaquetón de bronce
y de su férrea boca sin sonrisa.

Yo alguna vez ya tarde, ya dormido,
en ciudad, desde el río a las colinas,
oí subir los versos, la salmodia
de los recitativos recitantes.
Vladimir escuchaba?
Escuchan las estatuas?
Parecía furioso,
su gesto no admitía verso alguno:
tal vez la estatua es concha, caracola
de mármol, bronce o piedra
de un animal herido que se fue
y dejó este vestigio congelado,
un ademán, un movimiento inmóvil,
el despojo del alma.

XII

Los vivos, aún vivientes,
el amor del poeta de bronce,
una mujer más frágil que un huevo de perdiz,
delgada como el silbido del canario salvaje,
una llamada Lily Brik es mi amiga,
mi vieja amiga mía. No conocí su hoguera:
y sólo su retrato en las cubiertas
de Maiakovski me advirtieron
que fueron estos ojos apagados
los que encendieron púrpura soviética
en la dimensión descubierta.

Aquí Lily, aún fosforescente
desde su puñadito de cenizas
con una mano en todo lo que nace,
con una rosa de recibimiento
a todo golpe de ala que aparece,
herida por alguna tardía pedrada
destinada hoy aún a Maiakovski:
dulce y bravía Lily, buenas noches,
dame otra vez tu copa transparente
para beber de un trago y en tu honor
el pasado que canta y que crepita
como un ave de fuego.

XV

Lo sé, lo sé, con muertos no se hicieron
muros, ni máquinas, ni panaderías:
tal vez así es, sin duda, pero
mi alma no se alimenta de edificios,
no recibo salud de las usinas,
ni tampoco tristeza.
Mi quebranto es de aquellos
que me anduvieron, que me dieron sol,
que me comunicaron existencias,
y ahora qué hago con el heroísmo
de los soldados y los ingenieros?
Dónde está la sonrisa
o la pintura comunicativa,
o la palabra enseñante,
o la risa, la risa,
la clara carcajada
de aquéllos que perdí por esas calles,
por estos tiempos, por estas regiones
en donde me detuve y continuaron
ellos, hasta terminar sus viajes?

XVI

En ciertas aguas, en un territorio,
puerto, ciudad, campiña,
allí cierta ternura
nos esperaba o se reconstruyó.
Y la pregunta para todo humano
es saber si se agota el mineral,
esa condición del alma,
si persiste después como raíz,
como bloque enterrado
o si se fue con los que ya se fueron.
Si lo que queda aún en los rincones
de los sobrevivientes
está ya preparado para irse,
así sin despedirnos,
y entonces, cómo llegar y estrellarse
con las máscaras nuevas,
con palabras veloces
que vuelan resbalando en nuevas calles,
en nuevos laberintos?
El tiempo nos había acostumbrado
a este rostro, a estos ojos amarillos,
a esta razón, a este padecimiento,
y si ahora no están, cómo aprender
de nuevo el alfabeto de la vida?

XVII

Tal vez no nos despiertan
y seguimos
durmiendo en la hora dormida,
y rechazamos
lo que continúa,
la planta irrevocable
que persiste y que crece:
bien, es verdad, y qué hay con ello?

Por qué aceptar lo que no sustituye
al agua pura, al vino de la viña,
al pan profundo que era nuestro pan,
a las presencias insignes o impuras
que eran nosotros mismos y no están,
y no es porque están muertas,
sino porque no están, y no hay remedio.

XVIII

Porque una cosa es que en libro y losa
graben los nombres, brillen o se apaguen.
No es eso, no, no se trataba de eso,
de la inmortalidad descascarada,
se trata de personas personales
con lo que amaban y lo que comían,
cada uno diverso, replegado
en su silencio o en su intensidad.

Y no echaré de menos ni de más,
no la importancia, sí la circunstancia,
el debe y el haber es cosa de otros,
de los encarnizados pertinaces,
yo quiero de ellos lo no fue nada,
un llegar a la casa en que respiras
y no es sólo aquel hombre y su mujer
sino aquel aire, y no decirse nada
para entenderse sobre lo imposible.

XXVII

Porque yo, clásico de mi araucanía,
castellano de sílabas, testigo
del Greco y su familia lacerada,
yo, hijo de Apollinaire o de Petrarca,
y también yo, pájaro de San Basilio,
viviendo entre las cúpulas burlescas,
elaborados rábanos, cebollas
del huerto bizantino, apariciones
de los iconos en su geometría,
yo que soy tú me abrazo a las herencias
y a las adquisiciones celestiales;
yo y tú, los que vivimos en el límite
del mundo antiguo y de los nuevos mundos
participamos con melancolía
en la fusión de los vientos contrarios,
en la unidad del tiempo que camina.

La vida es el espacio en movimiento.

EL MAR Y LAS CAMPANAS

(1973)

Este es un libro inacabado que incluye cuarenta y nueve poemas, en su mayoría sin nombre. Próximo al *Memorial de isla negra* (1964), del cual parece ser su último capítulo, por el testimonio autobiográfico que representa, *El mar y las campanas* también ha sido relacionado con las *Residencias*. Particularmente con *Residencia II* (1935), por el clima de desesperanza y consumación que atraviesa su universo lírico. En este sentido son absolutamente pertinentes las relaciones que Giuseppe Bellini[1] establece entre dos poemas claves: "El reloj caído en el mar", que inicia la sexta y última sección del mencionado libro residenciario, y "Hoy cuántas horas...", de esta obra póstuma de Neruda.

La imagen descendente, de caída vertiginosa, metafóricamente representada por el hundimiento del reloj, absorbido por la inmensidad marina, mucho tiene que ver con el poema de *El mar y las campanas*, sólo que el registro discursivo no es el mismo. Lejos del vértigo surrealista, en este poema domina el tono de grave reflexión. Por otra parte, la caída del tiempo acumulado, contenido en el simbolismo numérico del "reloj", tiene otro destino ("el pozo", "la red", "el agua negra") y no el mar, con las connotaciones negativas que, a diferencia del océano, tienen en este poemario los símbolos antes mencionados.

Sin duda, el simbolismo marino está vinculado a la imagen del abismo que todo lo absorbe, pero en esta obra póstuma el hundimiento encauza el anhelo nerudiano del reencuentro del ser en la unidad oceánica y la continuidad de su canto en el perpetuo movimiento marino (ver los poemas "Esta campana rota" y "Perdón si por mis ojos..."). A este propósito cabe recordar el uso que Neruda hace, en este poemario, de un símbolo tan tradicional como el del "navío", asociado al simbolismo del barco funerario y al viaje, el último viaje del escritor (ver "Parece que un navío...").

La imagen del hablante poético es, efectivamente, la de un "yo" próximo al naufragio; pero, la disposición lírica frente al viaje final se aproxima, con mucho, al sentimiento de resignación ante lo inevitable. Ya

---

[1] Giuseppe Bellini, *op. cit.*, p. 43.

en otro poemario el escritor reconocía que "el hombre se acomoda a su destino" (ver "Animal de luz", *Jardín de invierno*). En el poema de *Jardín de invierno* el "yo" anuncia que "todo está preparado", "todo dispuesto"; para concluir, reclamando —con cierta impaciencia—, la llegada de la nave funeraria. Como si hablara de otros —esquivando siempre la mención directa— el poeta concluye con la siguiente reflexión: "Se están haciendo viejos/ y no pasa el navío".

Quizás en ningún otro poemario tenga tanto relieve, como en este libro, el símbolo del "pozo", asociado a la existencia del sujeto. En un movimiento descendente también, el "yo" no tiene otro remedio, ante la inminencia de su propio fin, que volver "al pozo de sí mismo" (ver "Se vuelve a yo..."). El "pozo" que evoca la imagen de agua estancada —tiempo acumulado, pero detenido y limitado por "paredes negras"—, nada tiene que ver con la inmensidad oceánica deseada por el poeta. Por otra parte, el clima de honda melancolía que envuelve a este poema preside el definitivo retorno del "yo" a la vieja casa del ser; pero, como se ha podido constatar, en modo alguno es un retorno deseado, aunque sea dominante el sentimiento de resignación.

No todo este poemario está marcado por el signo de la desesperanza. Ya hemos visto la positiva significación de la simbología marina. Sin embargo, donde más relevante es dicha positividad es en el reencuentro con el amor, explicitado en el último poema compuesto por el escritor y que dedica a Matilde (ver "Final"). Esta composición, cuyo título ahorra todo comentario, comienza con la denuncia del bien perdido en el instante final de la vida; pero, sobre todo, es la expresión del más alto grado de serenidad alcanzado por el poeta cuando, en los versos finales, que evocan el arrullo de una canción de cuna, se refugia en las manos de la amada. Como si se tratara del vientre materno, contempla desde allí el despertar de la vida, toda la luminosidad germinal del universo marino y terrestre que le perteneció: "El mundo es más azul y más terrestre/ de noche, cuando duermo/ enorme, adentro de tus breves manos".

En definitiva, ese afán nerudiano de abarcarlo todo, cobijado siempre en el amor, persiste hasta el instante final de su existencia transformada en poesía. Su pasión por ella no le da tregua a la muerte, porque hasta en este poemario inacabado persiste aquel vértigo creador que encuentra, incluso en los nombres, un motivo para que este omnívoro escritor paladee con deleite el lenguaje: "Ay, Eduvigis, qué nombre tan bello/ tienes, mujer de corazón azul..." (ver "Nombres"). Sin duda, como dice Eugenia Neves,[2] este poemario constituye el esfuerzo final de síntesis que el mismo poeta realizó antes de su muerte y a conciencia de la cercanía de la muerte.

---

[2] Eugenia Neves, "Sobre *El mar y las campanas* de Pablo Neruda", en *Coloquio...*, p. 211.

REGRESANDO

Yo tengo tantas muertes de perfil
que por eso no muero,
soy incapaz de hacerlo,
me buscan y no me hallan
y salgo con la mía,
con mi pobre destino
de caballo perdido
en los potreros solos
del sur del Sur de América:
sopla un viento de fierro,
los árboles se agachan
desde su nacimiento:
deben besar la tierra,
la llanura:
llega después la nieve
hecha de mil espadas
que no terminan nunca.
Yo he regresado
desde donde estaré,
desde mañana Viernes,
yo regresé
con todas mis campanas
y me quedé plantado
buscando la pradera,
besando tierra amarga
como el arbusto agachado.
Porque es obligatorio
obedecer al invierno,
dejar crecer el viento
también dentro de ti,
hasta que cae la nieve,

se unen el hoy y el día,
el viento y el pasado,
cae el frío,
al fin estamos solos,
por fin nos callaremos.
Gracias.

[PARECE QUE UN NAVIO...]

Parece que un navío diferente
pasará por el mar, a cierta hora.
No es de hierro ni son anaranjadas
sus banderas:
nadie sabe de dónde
ni la hora:
todo está preparado
y no hay mejor salón, todo dispuesto
al acontecimiento pasajero.
Está la espuma dispuesta
como una alfombra fina,
tejida con estrellas,
más lejos el azul,
el verde, el movimiento ultramarino,
todo espera.
Y abierto el roquerío,
lavado, limpio, eterno,
se dispuso en la arena
como un cordón de castillos,
como un cordón de torres.
Todo
está dispuesto,
está invitado el silencio,
y hasta los hombres, siempre distraídos,
esperan no perder esta presencia:
se vistieron como en día Domingo,
se lustraron las botas,
se peinaron.
Se están haciendo viejos
y no pasa el navío.

OSVALDO RODRIGUEZ

[HOY CUANTAS HORAS...]

Hoy cuántas horas van cayendo
en el pozo, en la red, en el tiempo:
son lentas pero no se dieron tregua,
siguen cayendo, uniéndose
primero como peces,
luego como pedradas o botellas.
Allá abajo se entienden
las horas con los días,
con los meses,
con borrosos recuerdos,
noches deshabitadas,
ropas, mujeres, trenes y provincias,
el tiempo se acumula
y cada hora
se disuelve en silencio,
se desmenuza y cae
al ácido de todos los vestigios,
al agua negra
de la noche inversa.

[DE UN VIAJE VUELVO...]

De un viaje vuelvo al mismo punto,
por qué?
Por qué no vuelvo donde antes viví,
calles, países, continentes, islas,
donde tuve y estuve?
Por qué será este sitio la frontera
que me eligió, qué tiene este recinto
sino un látigo de aire vertical
sobre mi rostro, y unas flores negras
que el largo invierno muerde y despedaza?
Ay, que me señalan: éste es
el perezoso, el señor oxidado,
de aquí no se movió,
de este duro recinto:
se fue quedando inmóvil
hasta que ya se endurecieron sus ojos
y le creció una yedra en la mirada.

[SE VUELVE A YO...]

Se vuelve a yo como a una casa vieja
con clavos y ranuras, es así
que uno mismo cansado de uno mismo,
como de un traje lleno de agujeros,
trata de andar desnudo porque llueve,
quiere el hombre mojarse en agua pura,
en viento elemental, y no consigue
sino volver al pozo de sí mismo,
a la minúscula preocupación
de si existió, de si supo expresar
o pagar o deber o descubrir,
como si yo fuera tan importante
que tenga que aceptarme o no aceptarme
la tierra con su nombre vegetal,
en su teatro de paredes negras.

[ESTA CAMPANA ROTA...]

Esta campana rota
quiere sin embargo cantar:
el metal ahora es verde,
color de selva tiene la campana,
color de agua de estanques en el bosque,
color del día en las hojas.

El bronce roto y verde,
la campana de bruces
y dormida
fue enredada por las enredaderas,
y del color oro duro del bronce
pasó a color de rana:
fueron las manos del agua,
la humedad de la costa,
que dio verdura al metal,
ternura a la campana.

Esta campana rota
arrastrada en el brusco matorral
de mi jardín salvaje,
campana verde, herida,
hunde sus cicatrices en la hierba:
no llama a nadie más, no se congrega
junto a su copa verde
más que una mariposa que palpita
sobre el metal caído y vuela huyendo
con alas amarillas.

[AHI ESTA EL MAR?...]

Ahí está el mar? Muy bien, que pase.
Dadme
la gran campana, la de raza verde.
No ésa no es, la otra, la que tiene
en la boca de bronce una ruptura,
y ahora, nada más, quiero estar solo
con el mar principal y la campana.
Quiero no hablar por una larga vez,
silencio, quiero aprender aún,
quiero saber si existo.

FINAL

*Matilde, años o días
dormidos, afiebrados,
aquí o allá,
clavando
rompiendo el espinazo,
sangrando sangre verdadera,
despertando tal vez
o perdido, dormido:
camas clínicas, ventanas extranjeras,
vestidos blancos de las sigilosas,
la torpeza en los pies.*

*Luego estos viajes
y el mío mar de nuevo:
tu cabeza en la cabecera,*

*tus manos voladoras
en la luz, en mi luz,
sobre mi tierra.*

*Fue tan bello vivir
cuando vivías!*

*El mundo es más azul y más terrestre
de noche, cuando duermo
enorme, adentro de tus breves manos.*

DEFECTOS ESCOGIDOS

(1974)

Siempre en el marco de lo que puede llamarse un "balance final" y "ajuste de cuentas", las diecinueve composiciones de este libro-inventario pueden considerarse, en su conjunto, como una especie de repaso o evaluación que el escritor hace en torno a una serie de personajes, sobre todo, de sí mismo. Dispuesta en la forma de una galería de figuras de toda índole, como si se tratara de una auténtica colección humana —cuyos atributos y defectos despliega el escritor ante nuestros ojos—, la obra en cuestión pone de relieve su carácter misceláneo, cuyo sentido último es explicitado por el mismo autor en el poema inicial titulado "Repertorio".

En este poema, con aparente desenfado, el sujeto se autonomina "archivista" y juez sin equidad que arbitra los defectos propios y ajenos, sin pretender dejar conforme a nadie. Esta actitud de mofa y aparente despreocupación que asume el "yo" en la ficción lírica, pronto es desmentida por la angustia contenida en la mayoría de los poemas que se refieren particularmente a la situación actual de sujeto. Tal es, por ejemplo, el pathos dramático que se condensa en el dístico final del poema titulado "Parodia del guerrero": "Tengo sed, apetito de luz,/ y sólo trago sombra".

Es cierto que en otras composiciones la angustia nerudiana discurre por derroteros más serenos y, en general, el poemario tiende a ello. Esto es así, sobre todo, cuando en el límite de la vida el poeta vuelve la vista atrás, a su propio pasado —particularmente literario—, para juzgar, con cierta ironía amarga, su antigua condición de poeta **ígneo**: "No soy, no soy el ígneo,/ estoy hecho de ropa, reumatismo,/ papeles rotos, citas olvidadas..." (ver "Otro castillo").

Desde que inicia su camino con Quevedo, la obra de Neruda ha ido adquiriendo una progresiva dimensión ética, hasta llegar a esta poesía final que pone en entredicho todo signo de vanidad o soberbia personal. Este es el caso del poema recién citado, cuya enunciación lírica, con las diferencias pertinentes, nos evoca el estatuto poético asumido por el escritor en *Memorial de Isla Negra* (1964): "No soy rector de nada, no dirijo,/ y por eso atesoro/ las equivocaciones de mi canto" (ver "La verdad").

Aunque la actitud elusiva es una constante en esta obra, cuando se trata de composiciones que implican un juicio sobre sí mismo o su propia praxis poética, la enunciación del "yo" es explícitamente expresada en primera persona. Por lo general esto no es así cuando los poemas aluden a situaciones particularmente graves que afectan al presente del sujeto. Como si en estos casos el "yo" quisiera obviar toda autorreferencialidad, se tiende a suplantarlo en el enunciado por una tercera persona que oculta al sujeto. Uno de los poemas más ilustrativos a este respecto es el que se titula "El gran orinador", cuya enunciación comienza refiriéndose, en la ficción poética, a un "él" indefinido. Sin embargo, la implícita tensión ("yo/él"), en el interior del enunciado, se orienta finalmente hacia la explícita referencialidad del sujeto ("yo") quien opta, en última instancia, por la huida. Esto sucede, sobre todo al final del mencionado poema, cuando el sujeto debe enfrentarse a la verdad que él mismo se ha planteado en términos de incógnita a desvelar: "Soy un simple poeta,/ no tengo empeño en descifrar enigmas,/.../. Hasta luego! Saludo y me retiro/ a un país donde no me hagan preguntas".

El tono de esta obra es muy otro cuando el escritor se refiere a la poesía y, en particular, al lenguaje que la conforma. En estos casos, el ritmo poético adquiere una dinámica sólo comparable al registro de un canto exaltatorio que pone de relieve el inalienable placer que el poeta siente por la palabra creadora. Antes, a propósito del poema "Nombres", de *El mar y las campanas*, aludíamos a esta pasión del escritor. Sin embargo, es precisamente en este último poemario donde Neruda exhibe toda su creatividad, a través de una composición cuyo breve título evoca la belleza de la poesía y las infinitas posibilidades del arte: "Orégano".

Siempre en el marco de este balance final y ajuste de cuentas, el escritor recrea en la ficción lírica los momentos iniciales de su andadura literaria, su desorientación primeriza, hasta descubrir el secreto lenguaje de aquella palabra simple, olvidada por los demás, pero plena de posibilidades creativas para el autor en ciernes y también para el escritor maduro. Metonimia de una poética que excluye todo alarde discursivo, el escritor exalta aquel nombre originario, deplegando ante nosotros —como si se tratara de una última muestra de su arte—, el juego combinatorio engendrador de sentido que le suscita aquella palabra impregnada del aroma de la infancia:

> Oh lepidóptero entre las palabras,
> oh palabra helicóptero,
> purísima y preñada
> como una aparición sacerdotal
> y cargada de aroma...

OSVALDO RODRIGUEZ

REPERTORIO

Aquí hay gente con nombres y con pies
con calle y apellido:
también yo voy en la hilera
con el hilo.
Hay los ya desgranados
en
el
pozo
que hicieron y en el que cayeron:
hay los buenos y malos a la vez,
los sacrificadores y la piedra
donde les cercenaron la cabeza
a cuantos se acercaron a su abismo.

Hay de todo en la cesta: sólo son
cascabeles aquí, ruidos de mesa,
de tiros, de cucharas, de bigotes:
no sé qué me pasó ni qué pasaba
conmigo mismo ni con ellos,
lo cierto es que los vi,
los toqué y como anda la vida
sin detener sus ruedas
yo los viví cuando ellos me vivieron,
amigos o enemigos o paredes,
o inaceptables santos que sufrían,
o caballeros de sombrero triste,
o villanos que el viento se comió,
o todo más: el grano del granero
las culpas mías sin cesar desnudas
que al entrar en el baño cada día
salieron más manchadas a la luz.

Ay sálvese quien pueda!

Yo el archivista soy de los defectos
de un solo día de mi colección
y no tengo crueldad sino paciencia:
ya nadie llora, se pasó de moda
la bella lágrima como una azucena,
y hasta el remordimiento falleció.

Por eso yo presento mi corona
de inicuo juez que no contenta a nadie,
ni a los ladrones, ni a su digna esposa:
ya lo saben ustedes:
yo que hablo por hablar hablo de menos:
de cuanto he visto, de cuanto veré
me voy quedando ciego.

EL OTRO*

Ayer mi camarada
nervioso, insigne, entero,
me volvió a dar la vieja envidia, el peso
de mi propia substancia intransferible.

Te asalté a mí, me asalta
a ti, este frío de cuchillo
cuando te cambiaría por los otros,
cuando tu insuficiencia se desangra
dentro de ti como una vena abierta
y quieres construirte una vez más
con aquello que quieres y no eres.

Mi camarada, antiguo
de rostro como huella de volcán,
cenizas, cicatrices
junto a los viejos ojos encendidos:
(lámparas de su propio subterráneo),
arrugadas las manos
fácil, el resplandor de nuestra vida
herir al que murió, cavar sus huesos,
desmoronar la torre de su orgullo:
golpear la grieta del contradictorio
comiendo el mismo pan de su amargura:
y medir al soberbio o destronado
con nuestra secretísima soberbia:
ay no es eso! no es eso! lo que busco
es saber si aquél era el verdadero:
el que se consumía y se incendiaba
o el que clamaba para que lo vieran:
si fue aquel artesano del desprecio

que esperaba el amor del despreciado
como tantos mendigos iracundos.

Aquí dejo esta historia:
yo no la terminé sino la muerte,
pero se ve que todos somos jueces
y es nuestra voluntad encarnizada
participar en la injusticia ajena.

---

* La estrofa con la que termina esta composición es exactamente la misma con la que finaliza el poema que le antecede ("Antoine Courage").

PEÑA BRAVA

Hay una peña brava
aquí, en la costa,
el viento furibundo,
la sal del mar, la ira,
desde hace siempre, ahora
y ayer, y cada siglo
la atacaron:
tiene arrugas,
cavernas,
grietas, figuras, gradas,
mejillas de granito
y estalla el mar en la roca
amándola,
rompe el beso maligno,
relámpagos de espuma,
brillo de luna rabiosa.
Es una peña gris,
color de edad, austera,
infinita, cansada, poderosa.

EL INCOMPETENTE

Nací tan malo para competir
que Pedro y Juan se lo llevaban todo:
las pelotas,
las chicas,
las aspirinas y los cigarrillos.

Es difícil la infancia para un tonto
y como yo fui
siempre más tonto que los otros tontos
me birlaron los lápices, las gomas
y los primeros besos de Temuco.

Ay, aquellas muchachas!
Nunca vi unas princesas como ellas,
eran todas azules o enlutadas,
claras como cebollas, como el nácar,
manos de precisión, narices puras,
ojos insoportables de caballo,
pies como peces o como azucenas.

Lo cierto es que yo anduve
esmirriado y cubriendo con orgullo
mi condición de enamorado idiota,
sin atreverme a mirar una pierna
ni aquel pelo detrás de la cabeza
que caía como una catarata
de aguas oscuras sobre mis deseos.

Después, señores, me pasó lo mismo
por todos los caminos donde anduve,
de un codazo o con dos ojos fríos

me eliminaban de la competencia,
no me dejaban ir al comedor,
todos se iban de largo con sus rubias.

Y yo no sirvo para rebelarme.

Esto de andar luciendo
méritos o medallas escondidas,
nobles acciones, títulos secretos,
no va con mi pasmada idiosincrasia:
yo me hundo en mi agujero
y de cada empujón que me propinan
retrocediendo en la zoología
me fui como los topos, tierra abajo,
buscando un subterráneo confortable
donde no me visiten ni las moscas.

Ésa es mi triste historia
aunque posiblemente menos triste
que la suya, señor,
ya que también posiblemente pienso
pienso que usted es aun más tonto todavía.

OREGANO

Cuando aprendí con lentitud
a hablar
creo que ya aprendí la incoherencia:
no me entendía nadie, ni yo mismo,
y odié aquellas palabras
que me volvían siempre
al mismo pozo,
al pozo de mi ser aún oscuro,
aún traspasado de mi nacimiento,
hasta que me encontré sobre un andén
o en un campo recién estrenado
una palabra: *orégano*,
palabra que me desenredó
como sacándome de un laberinto.

No quise aprender más palabra alguna.

Quemé los diccionarios,
me encerré en esas sílabas cantoras,
retrospectivas, mágicas, silvestres,
y a todo grito por la orilla
de los ríos,
entre las afiladas espadañas
o en el cemento de la ciudadela,
en minas, oficinas y velorios,
yo masticaba mi palabra *orégano*
y era como si fuera una paloma
la que soltaba entre los ignorantes.

Qué olor a corazón temible,
qué olor a violetario verdadero,

y qué forma de párpado
para dormir cerrando los ojos:
la noche tiene *orégano*
y otras veces haciéndose revólver
me acompañó a pasear entre las fieras:
esa palabra defendió mis versos.

Un tarascón, unos colmillos (iban
sin duda a destrozarme)
los jabalíes y los cocodrilos:
entonces
saqué de mi bolsillo
mi estimable palabra:
orégano, grité con alegría,
blandiéndola en mi mano temblorosa.

Oh milagro, las fieras asustadas
me pidieron perdón y me pidieron
humildemente *orégano*.

Oh lepidóptero entre las palabras,
oh palabra helicóptero,
purísima y preñada
como una aparición sacerdotal
y cargada de aroma,
territorial como un leopardo negro,
fosforescente orégano
que me sirvió para no hablar con nadie,
y para aclarar mi destino
renunciando al alarde del discurso
con un secreto idioma, el del orégano.

PARODIA DEL GUERRERO

Y qué hacen allá abajo?
Parece que andan todos ocupados,
hirviendo en sus negocios.

Allá abajo, allá abajo
allá lejos,
andan tal vez estrepitosamente
de aquí no se ve mucho,
no les veo las bocas,
no les veo
detalles, sonrisas
o zapatos derrotados.
Pero, por qué no vienen?
Dónde van a meterse?

Aquí estoy, aquí estoy,
soy el campeón mental de ski, de box,
de carrera pesada,
de alas negras,
soy el verdugo,
soy el sacerdote,
soy el más general de las batallas,
no me dejen,
no, por ningún motivo,
no se vayan,
aquí tengo un reloj,
tengo una bala,
tengo un proyecto de guerrilla bancaria,
soy capaz de todo,
soy padre de todos ustedes,
hijos malditos:

qué pasa,
me olvidaron?

Desde aquí arriba los veo:
qué torpes son sin mis pies,
sin mis consejos,
qué mal se mueven en el pavimento,
no saben nada del sol,
no conocen la pólvora,
tienen que aprender a ser niños,
a comer, a invadir,
a subir las montañas,
a organizar los cuadernos,
a matarse las pulgas,
a descifrar el territorio,
a descubrir las islas.

Ha terminado todo.

Se han ido por sus calles a sus guerras,
a sus indiferencias, a sus camas.
Yo me quedé pegado
entre los dientes de la soledad
como un pedazo de carne mascada
como el hueso anterior
de una bestia extinguida.

No hay derecho! Reclamo
mi dirección zonal, mis oficinas,
el rango que alcancé en el regimiento,
en la cancha de los peloteros,
y no me resigno a la sombra.

Tengo sed, apetito de la luz,
y sólo trago sombra.

OTRO CASTILLO

No soy, no soy el ígneo,
estoy hecho de ropa, reumatismo,
papeles rotos, citas olvidadas,
pobres signos rupestres
en lo que fueron piedras orgullosas.

En qué quedó el castillo de la lluvia,
la adolescencia con sus tristes sueños
y aquel propósito entreabierto
de ave extendida, de águila en el cielo,
de fuego heráldico?

No soy, no soy el rayo
de fuego azul, clavado como lanza
en cualquier corazón sin amargura.

La vida no es la punta de un cuchillo,
no es un golpe de estrella,
sino un gastarse adentro de un vestuario,
un zapato mil veces repetido,
una medalla que se va oxidando
adentro de una caja oscura, oscura.

No pido nueva rosa ni dolores,
ni indiferencia es lo que me consume,
sino que cada signo se escribió,
la sal y el viento borran la escritura
y el alma ahora es un tambor callado
a la orilla de un río, de aquel río
que estaba allí y allí seguirá siendo.

EL GRAN ORINADOR

El gran orinador era amarillo
y el chorro que cayó
era una lluvia color de bronce
sobre las cúpulas de las iglesias,
sobre los techos de los automóviles,
sobre las fábricas y los cementerios,
sobre la multitud y sus jardines.

Quién era, dónde estaba?

Era una densidad, líquido espeso
lo que caía
como desde un caballo
y asustados transeúntes
sin paraguas
buscaban hacia el cielo,
mientras las avenidas se anegaban
y por debajo de las puertas
entraban los orines incansables
que iban llenando acequias, corrompiendo
pisos de mármol, alfombras,
escaleras.

Nada se divisaba. Dónde
estaba el peligro?

Qué iba a pasar en el mundo?

El gran orinador desde su altura
callaba y orinaba.

Qué quiere decir esto?

Soy un simple poeta,
no tengo empeño en descifrar enigmas,
ni en proponer paraguas especiales.

Hasta luego! Saludo y me retiro
a un país donde no me hagan preguntas.

INDICE

Liminar 7

La rosa separada (1973) 11
   I. Los hombres 16
   III. La isla 17
   IV. Los hombres 19
   VII. La isla 20
   IX. Los hombres 22
   XII. La isla 23
   XVI. Los hombres 24
   XVIII. Los hombres 25

Jardín de invierno (1974) 27
   El egoísta 33
   Con Quevedo, en primavera 35
   Llama el océano 36
   Jardín de invierno 37
   Regresos 39
   Animal de luz 40
   Otoño 42
   La estrella 43

2000 (1974) 45
   I. Las máscaras 50
   III. Las espigas 51
   IV. La tierra 52
   V. Los invitados 54
   VI. Los hombres 56
   VII. Los otros hombres 58
   IX. Celebración 59

El corazón amarillo (1974) 61
   Uno 66

Otro más	67
Sin embargo me muevo	69
Gatos nocturnos	71
Enigma para intranquilos	72
Mañana con aire	73
El tiempo que no se perdió	75
Suburbios	76

Libro de las preguntas (1974) 77
III	81
XXXV	82
XXXVI	83
XXXVIII	84
XLIV	85
XLV	86
LI	87
LXII	88

Elegía (1974) 89
VI	93
IX	94
XII	96
XV	97
XVI	98
XVII	99
XVIII	100
XXVII	101

El mar y las campanas (1973) 103
Regresando	108
[Parece que un navío...]	110
[Hoy cuántas horas...]	111
[De un viaje vuelvo...]	112
[Se vuelve al yo...]	113
[Esta campana rota...]	114
[Ahí está el mar?...]	115
Final	116

Defectos escogidos (1974) 117
Repertorio 121
El otro 123
Peña brava 125
El incompetente 126
Orégano 128
Parodia del guerrero 130
Otro castillo 132
El gran orinador 133

Indice 135